DORMINDO COM O INIMIGO

Do Autor:

NÃO TE DEVO NADA!
Como lidar com os passivos emocionais
que levam os relacionamentos à falência

SOLIDÃO NUNCA MAIS
Reconciliando-se com o Amor

ROBERTO BO GOLDKORN

DORMINDO COM O INIMIGO

Como escapar da tirania nos relacionamentos

BERTRAND BRASIL

Capa: Silvana Mattievich

Composição: DFL

2005
Impresso no Brasil
Printed in Brazil

CIP-Brasil. Catalogação-na-fonte
Sindicato Nacional dos Editores de Livros, RJ

G571d Goldkorn, Roberto Bo
Dormindo com o inimigo: como escapar da tirania nos relacionamentos/Roberto Bo Goldkorn. — Rio de Janeiro: Bertrand Brasil, 2005.
208p.

ISBN 85-286-1134-5

1. Relações homem-mulher. 2. Violência familiar. 3. Conflito interpessoal. 4. Relações humanas.

CDD – 158.24
05-1987 CDU – 159.9:364.28

EDITORA BERTRAND BRASIL LTDA.
Rua Argentina, 171 — 1º andar — São Cristóvão
20921-380 — Rio de Janeiro — RJ
Tel.: (0xx21) 2585-2070 — Fax: (0xx21) 2585-2087

Atendemos pelo Reembolso Postal.

SUMÁRIO

DEDICATÓRIA E AGRADECIMENTOS

Dedico este livro à bela Eliana de Grammont, que dormiu com o inimigo e não acordou.

Muitas pessoas contribuem para a realização de um livro, mesmo sem saber, às vezes telefonando na hora certa e deixando uma mensagem de estímulo num momento de incerteza. Outras contribuem simplesmente por existir ou são fundamentais para a sustentação do autor. Essas poucas pessoas citadas aqui não esgotam a lista, apenas estiveram mais ativas na minha vida durante os exatos nove meses que durou a gestação deste livro.

São elas: Álvaro Lopes, Jair Alves, Ivani Abreu, Gavião, Lori Gonzáles, Wolfgang Saller, Milton Gonçalves, Elsinho Mouco, Daniel Mendez, Rosângela Mendez, Anaí Neves, Maria Luiza Lamac. Em especial, a Rafael Goldkorn e minha turma de aliados domésticos: Graça, Roberta e Thais.

O PAPEL DOS PARÊNTESES

Não, você não está diante de um erro de revisão ortográfica. Ao procurar escrever o mais próximo possível da minha expressão oral, quando abro pequenas "janelas" no discurso em trânsito para enriquecê-lo e depois volto para fechá-las, recorri aos parênteses apenas como artifício para suprir esse papel. Assim, os parênteses apenas devem ser lidos como essas "janelas", que quebram um pouco a fluidez do texto, mas trazem uma contribuição ora bem-humorada, ora esclarecedora ao pensamento. Talvez tenha exagerado, mas isso só vamos saber depois que chegarem as críticas.

SOBRE O TÍTULO

Muitos homens, ao lerem o título deste livro, vão fazer careta e perguntar por que não escrevi o livro *Dormindo com a Inimiga*? Certamente terão suas próprias histórias para contar, como provas testemunhais de sua reclamação. A resposta é simples. Ao longo desses vinte anos em que atuei como aconselhador, fiz uma estatística bastante significativa: de cada 10 casos de relacionamentos conflituosos, em pelo menos 7 a mulher era a vítima, ou seja, era ela quem pagava um preço maior em razão da violência, humilhação, sacrifício, medo. Claro que presenciei casos em que o homem "comia o pão que o diabo amassou com o rabo" nas mãos de mulheres, mas raramente o sofrimento deles era em conseqüência de violência física, de chantagem financeira, de ameaças à sua integridade e à de sua família. Para não ficar só na minha estatística, que tem vícios naturais e não passaria pelo crivo de uma visão científica, observei os vários programas de TV que desnudam diante do público essas tragédias do cotidiano e as transformam em teledramas. Mais de 80% dos casos levados ao ar mostram as mulheres como vítimas de assassinatos e tentativas de assassinatos por parte de seus companheiros, ex-maridos, ex-namorados, e por aí vai. Fui em busca das ocorrências policiais: novamente as estatísticas apresentaram uma incrível coerência: a cada dez crimes passionais (essa marca se mostra igual para Boletins de Ocorrência envolvendo casais), oito são cometidos por homens contra mulheres. Apesar de tudo isso, de toda evidência que mostra os homens como os principais algozes das suas companheiras, a leitura do título como uma tomada de posição sexista a favor das mulheres e contra os homens é enganosa. Se houvesse possibilidade de uma palavra de gênero neutro, eu a escolheria, pois se trata de um **drama humano** do qual homens e mulheres são vítimas. Vou ficar mais tranqüilo quando este livro for traduzido para o inglês e certamente ficará melhor assim: *Sleeping with the Enemy* (título, aliás, que foi emprestado de um famoso filme homônimo, com a atriz Julia Roberts no papel da vítima), que poderá ser lido tanto como *Dormindo com o Inimigo* quanto com *a Inimiga*. Naturalmente, até pelas estatísticas acachapantes citadas acima, a maioria dos *cases* relatados aqui são de mulheres-vítimas, mas, como veremos, serão tratadas como vítimas de maus-tratos e até de crimes, mas não como as únicas vítimas ou as mais inocentes. A tese que pretendo mostrar é que, na maioria dos casos em que a relação amorosa se transforma em drama ou tragédia, no mínimo metade da responsabilidade cabe à mulher ao desprezar todos os avisos de perigo que recebeu de forma explícita ou sutil.

O TRATAMENTO

Tentei tratar o tema, na verdade vários temas integrados, da forma mais objetiva possível, sem ser excessivamente didático, o que me obrigaria a baixar o nível da abordagem. Também optei por não fazer um livro de psicologia apenas para a comunidade acadêmica. Isso implicou abrir mão de uma base técnica mais densa e evitar citações constantes de autores das áreas cobertas por essa ciência. Mas isso não foi feito por desprezo a ela; ao contrário, se há alguém que valoriza suas contribuições e conquistas sou eu, e me alimento delas a cada dia. Meu objetivo é tornar o livro o mais próximo possível do seu cotidiano, como se pessoalmente estivesse ao seu lado o tempo todo. Na verdade, só escrevo por essa razão (e com essa esperança), para poder estar ao lado de um número maior de pessoas que atendo no meu corpo-a-corpo diário. Alguns de meus clientes reclamam que sou exigente demais com eles, que chego a ser um pouco ranzinza às vezes ou empolgado demais, como um torcedor em um estádio. Espero que tenha conseguido reproduzir neste livro todos esses "defeitos", que só existem porque não perdi a fé no Ser Humano, e como sempre repito:

EU NÃO DESISTO NUNCA!

PREFÁCIO

Num mundo ideal este livro estaria completamente defasado. Na verdade, nem teria razão de ter sido escrito. Num mundo ideal, as pessoas que entrassem na nossa vida pela porta do afeto e do amor seriam sempre aliadas e combatentes ferrenhas pela nossa felicidade.

Num mundo ideal nunca ouviríamos as frases "Matei por amor" ou "Se ela não vai ser minha, também não será de mais ninguém". Nesse mundo, qualquer pessoa que dormisse ao nosso lado deveria nos proporcionar a sensação de confiança absoluta e, portanto, de serenidade. Mas, como todos sabem, não vivemos num mundo ideal.

Por razões ainda misteriosas que este livro tenta corajosamente descobrir, ainda abrimos a porta de nossa vida para inimigos disfarçados em amantes, namorados, maridos, esposas e até parentes consangüíneos. Quantas vezes chegamos em casa com a sensação de termos escapado ilesos, mais uma vez, da *guerra* das ruas, apenas para cair nas teias de um outro inimigo ainda mais perverso e mais insidioso? Como lutar contra alguém que julgamos amar? Como saber se aquele beijo será o último da nossa vida? Como entender essa charada a qual aquele(a) que nos abraça de manhã será o(a) mesmo(a) que irá nos estrangular à noite? Apesar de perversa, essa é, porém, a face mais rarefeita dessas relações incompreensíveis. As ocorrências fatais ou extremamente dolosas envolvendo inimigos íntimos são raras se comparadas às ações cotidianas em que inimigos de graus variados humilham, lesam, infernizam, ressecam e nos mostram a face mais feia dos relacionamentos amorosos. Nem todo inimigo chega ao paroxismo de matar ou mutilar fisicamente a sua vítima. A imensa maioria (devemos dar graças a Deus?) se compraz em espezinhar e tornar miserável o convívio com os(as) *escolhidos(as)*.

Eu e minha família experimentamos a dor da perda de uma pessoa que dormiu com o inimigo e morreu justamente por querer acordar. A morte de minha irmã sensibilizou amigos e conhecidos, mas foi apenas mais uma nas estatísticas que não param de crescer no Brasil e mesmo em países mais desenvolvidos. Mas, na minha experiência como médica, vejo que apenas a minoria das associações com inimigos acaba assim, a maioria se perpetua como se os atores estivessem num palco vivendo uma tragicomédia. Em geral, quando acaba, acaba num melancólico final em que o que se lê na legenda é a palavra DESILUSÃO. Mas, enquanto não acaba, parece que dura uma eternidade, onde é sempre inverno, é sempre enxaqueca, é sempre escuro, e as pessoas vivem em função de ver o tempo passar mais rápido na esperança de que a próxima hora, o próximo dia ou o próximo ano traga um raio de sol e o fim daquele sofrimento.

Um amigo meu sonhava em comprar um barco, enchê-lo de amigos e sair passeando pelas águas azuis da costa brasileira. Fiquei sem vê-lo durante algum tempo e o reencontrei casualmente numa festa. Perguntei-lhe:

"Comprou o barco dos seus sonhos?"

"Comprei", respondeu ele sorrindo.

"E quando vamos fazer um passeio?"

"Não vamos, minha querida", respondeu ele novamente.

"Mas por quê, o que aconteceu?"

"Um barco nos dá duas alegrias: uma quando o compramos e outra quando o vendemos. Eu acabei de viver a segunda."

Essa frase se aplica ao advento do *inimigo* na nossa vida. Na maioria das vezes, quando ele ou ela entra pela porta do coração, é saudado com fogos de artifício, e os sinos ribombam em alegrias. Quando conseguimos finalmente nos livrar desse *encosto,* não comemoramos de forma ostensiva, mas secretamente suspiramos aliviados e, às vezes, até um quase imperceptível sorriso se desenha em nossos lábios.

Aceitei escrever este prefácio, embora me doa ainda revirar essas lembranças, mas acredito que muitas pessoas podem acordar e reescrever o seu destino se lerem com atenção e usarem os alertas deste livro escrito com tanta lucidez e com tanta emoção ao mesmo tempo. A minha sensação ao lê-lo é como se o Roberto realmente se importasse (e eu o conheço — ele se importa) com o destino das pessoas, sejam mulheres ou homens, que fecharam a porta para a sua felicidade ao abrir a porta para o inimigo. Ele sabe, com a sua experiência, que em nome do "amor" (assim mesmo, entre aspas) muitos inimigos vão se associar às vítimas e continuarão a fazer estragos, mas, se graças à leitura deste livro pelo menos uma pessoa escapar desse destino, seu trabalho terá atingido seus objetivos.

Infelizmente as tragédias não são educativas, há uma necessidade de esquecê-las muito rapidamente, daí vivem se repetindo. Além disso, há uma tendência para que as pessoas vejam esses eventos nefastos como algo distante, quase ficcional, e dizem (ou pensam) "Isso nunca vai acontecer comigo", e, assim, não criam anticorpos. Mas com o livro é diferente, ele não some como as notícias da mídia, ele permanece, continua ali na estante, como um pisca-alerta, sempre pronto a ser revisitado e a reforçar suas advertências e lições. Eu e a minha família, além de todos que já foram vítimas de inimigos íntimos, esperamos que este livro salve vidas e, mais ainda, que salve os *inimigos* deles próprios, pois mesmo esses não ficam impunes, nem estão isentos de sofrimento. Que a leitura atenta deste livro possa estimular as pessoas a lutarem pela sua felicidade de forma incondicional e que o amor seja a forma perfeita de juntar e manter essas pessoas.

Helena Rios,
São Paulo, 1º de setembro de 2004

“SE VOCÊ DORME COM O INIMIGO,
A PRIMEIRA COISA QUE TEM
A FAZER É ACORDAR!”

Um

História e Atavismo

Uma das explicações possíveis para a prevalência da mulher como vítima contumaz e do homem como seu algoz nos relacionamentos (e mesmo nos não-relacionamentos — estupros, atentados ao pudor, assédio sexual etc.) é a longa história universal de violência contra a mulher cometida por seu parceiro de planeta. Das culturas mais primitivas às civilizações mais avançadas, com raríssimas exceções, a mulher é vista como um acessório na vida do homem e sua refém absoluta. Nas ilhas Fiji, por exemplo, na cerimônia nupcial os futuros maridos ouviam dos pais ou do irmão da noiva o seguinte discurso: "*Aqui está a minha filha que eu vos dou. É propriedade vossa. Podeis fazer dela o que quiseres. Espero que ela vos dê muitos filhos, que serão guerreiros e chefes poderosos como seu pai. Mas, se, pelo contrário, vos aborrecerdes dela, vendei-a, matai-a, comei-a: vós sois o seu dono absoluto.*"*

No México pré-colombiano, as adúlteras sofriam castigos atrozes, como a lapidação (costume comum também na

* *Voyage au Grand Ocean*, Moerenhout, citado por Maria Lamas, em *A Mulher no Mundo*, vol. 1, p. 168.

antiga Judéia). Muitas vezes, segundo os cronistas da época, depois de apedrejada, seu corpo era fatiado, e os pedaços eram distribuídos entre os pertencentes à tribo para serem comidos. Na Índia, país consagrado por sua cultura espiritualista milenar, até pouco tempo sobreviveu o costume do *sâti*, que consistia em a viúva acompanhar o marido defunto na pira mortuária. Os ingleses, ao conquistarem a Índia, lutaram muito contra esse costume que, aos seus olhos, era bárbaro e inconcebível. Não podiam compreender como uma mulher jovem e sadia podia desejar tão ardentemente ser queimada viva junto com o cadáver de seu marido. Não compreendiam que aquilo era resultado de séculos da cultura que reduzia a mulher a simples acessório na vida do homem. Uma **poetisa** indiana muito famosa expressou assim a justificativa para o *sâti*: "Se a árvore tombou, ferida de morte, para que há de sobreviver a flor?"

Na antiga China, uma lei determinava o seguinte sobre a condição da mulher: "Se uma mulher se suicida por não poder suportar as pancadas e as injúrias do marido, ele não pode ser responsabilizado. Se um marido mata a mulher por ela ter maltratado ou injuriado o pai, a mãe, o avô ou a avó dele, seu crime é punido com cem vergastadas (chicotadas). Mas a mulher que tiver batido nos sogros ou nos avós do marido será degolada e, se um deles tiver morrido em decorrência das pancadas, sua condenação será a morte 'lenta'. A simples **intenção** de matar o marido, os sogros ou os avós do marido condenará a mulher à decapitação. Se uma mulher principal (na China, o homem podia ter várias mulheres, mas uma era a principal) se atrever a bater no marido, ele terá o direito de se divorciar e, além do divórcio, ela receberá cem vergastadas. Se o marido maltratado estiver doente, ela deverá ser estrangulada. Porém, se o marido bater na sua mulher principal, ele não deverá ser punido. Se a ferir, sua pena será de dois graus inferiores àquela comumente aplicada em tais casos. Mesmo que o marido mate a sua mulher, ele não será estrangulado." Na verdade, essa lei era a codificação de costumes muito mais antigos já observados pelo povo, e, mesmo depois de abolida, esses costumes perduraram aqui e ali por muito tempo, e talvez sobrevivam até hoje em lugares mais remotos da China.

Entre os germanos, povos que deram origem aos modernos europeus (e, por conseqüência, aos norte-americanos), apesar de a condição feminina ser considerada pelos historiadores como "privilegiada", o adultério da mulher era punido com o seu repúdio público, e era o marido que aplicava a pena, raspando-lhe a cabeça, despindo-a e chicoteando-a por todo o povoado, na presença de seus parentes. A partir dali, ela não teria outra opção senão a prostituição. Naturalmente que, para o adultério masculino, a lei era bem mais branda. Mas não pensem vocês que esses eram os costumes de povos bárbaros.

Os Hare Krishnas, devotos de uma religião milenar (eles alegam que a religião *Vaishnava* tem 5 mil anos), dizem o seguinte sobre a condição da mulher: "Sabemos que os espíritos não têm sexo. Mas Krishna, para castigar alguns espíritos pecadores, os faz encarnar no corpo de mulheres." O apóstolo Paulo, na minha opinião o verdadeiro criador do cristianismo, tinha as seguintes opiniões sobre a condição das mulheres: *Porque na verdade o homem não deve cobrir a cabeça por ser ele imagem e glória de Deus, mas a mulher é glória do homem* (Coríntios, 11:7). *Porque o homem não foi feito da mulher e sim a mulher do homem* (Coríntios, 11:8). *Porque também o homem não foi criado por causa da mulher e sim a mulher foi criada por causa do homem* (Coríntios, 11:9). Portanto, *deve a mulher, por causa dos anjos, trazer o véu à cabeça, como sinal de autoridade* (Coríntios, 11:10). *As mulheres sejam submissas aos seus próprios maridos, como ao Senhor* (Efésios, 5:22). *Pois o marido é o cabeça da mulher, como também Cristo é o cabeça da Igreja, sendo este mesmo salvador do corpo* (Efésios, 5:23). *A mulher aprenda em silêncio com toda submissão* (Timóteo, 1:11). *E não permito que a mulher ensine nem exerça autoridade sobre o marido, esteja porém em silêncio* (Timóteo, 1:12). *Porque primeiro foi formado Adão, depois Eva* (Timóteo, 1:13). *E Adão não foi iludido e sim a mulher, que, sendo enganada, caiu em transgressão* (Timóteo, 1:14).

Mesmo que alguns me acusem de pegar apenas alguns versículos e apresentá-los como prova, descontextualizando-os de sua totalidade, é exatamente isso que vem sendo feito há 2.000 anos nas igrejas, nos templos e em quaisquer lugares em que se pretendia colocar a mulher "no seu lugar" usando a palavra irretocável, inconteste de um profeta que falava a "palavra de Deus". Mesmo quem não é iniciado nas psicologias pode avaliar o estrago de uma tal cultura condicionante, agindo por tanto tempo na formação de mentalidades, na condução de caminhos e na construção de comportamentos. A maioria dos antropólogos concorda que, nas sociedades primitivas, a mulher tinha o mesmo valor e, às vezes, menos ainda que as bestas de carga. Era ela quem carregava "a casa nas costas" e, se sobrasse mão, ainda levava os filhos pequenos. Como faziam para manter essa forma invejável, se na hora da alimentação só comia os restos que os valorosos guerreiros deixavam e o que as crianças não conseguiam comer? Na certa, não freqüentavam academias, mas se nutriam da intuição de que da sua força e da sua sobrevivência dependia o destino de toda a sua gente. Quer vocês acreditem ou não, aquela mentalidade primitiva que tratava a mulher como um animal de carga, como um

algo criado para servir ao homem de forma incondicional, ainda subsiste no fundo da mente de cada um de nós, na estrutura a que alguns neurocientistas chamam de paleocérebro. Vamos depender da cultura do grupo social, da sua religião (em alguns casos são sinônimos) e de variáveis conjunturais para a ativação desses programas primitivos. Na maioria das vezes vemos esses programas pré-civilizatórios emergirem em indivíduos ou em pequenas comunidades, e até em países inteiros, como foi o caso, ainda no século 20, dos Talibãs, que tomaram o poder (felizmente por pouco tempo) no Afeganistão.

Quando um homem aterroriza a mulher, quer seja sua companheira ou uma estranha, está encenando rituais muito antigos e de certa forma encontrando justificativa neles, numa espécie de regressão a estágios primitivos da civilização. E quando a mulher suporta com estoicismo, até desculpando seu companheiro, repetidas vezes, está também agindo como aquelas mulheres primitivas que suportavam dores e sacrifícios inimagináveis para nossos olhos modernos, em nome de uma "missão" maior, que era garantir a sobrevivência da espécie. Não é, pois, de espantar que a violência "institucionalizada" contra a mulher ocorra de forma mais epidêmica em sociedades mais primitivas e nos estratos mais baixos das sociedades mais modernas. Isso não quer dizer que nas "classes altas" das sociedades mais evoluídas não encontremos a violência; ao contrário, as instituições nessas camadas da população estão mais aparelhadas e (mais dispostas) a interceder a favor da parte ofendida. Além disso, as alternativas sociais, profissionais, econômicas, culturais e emocionais das mulheres de países e classes mais favorecidas melhoram as suas chances de não verem perpetuadas essas situações ou de terem os seus agressores punidos. Quando eu era um pouco mais néscio que hoje, na minha juventude, costumava repetir, em tom jocoso, uma frase que (segundo eu devia achar) me apresentaria como um homem feito, iniciado na malandragem e pronto para a vida. Diante de algum caso de conflito conjugal, eu repetia, fazendo pose de experiente: "Malandro que é malandro, todo dia quando chega em casa tem de dar uma *bifa* na mulher. Ela pode nem saber por que está batendo, mas certamente sabe por que está apanhando."

Essa mentalidade primitiva, retrógrada e de lesa-humanidade é a responsável pela epidemia de brutalidade que atinge as mulheres hoje em dia no mundo todo. É claro que o exemplo de sociedades em que esse tipo de coisa raramente acontece só nos mostra que não se trata de nenhuma lei universal, como queriam os chineses e chinesas, mas sim de leis culturais, e como tais podem e devem ser mudadas. Mas esses programas culturais primitivos não são exclusividade dos homens. Ao aceitarem o papel de animal de carga e saco de pancadas, as mulheres dão uma grande contribuição ao seu próprio infortúnio, seja submetendo-se de forma ostensiva ou velada à suposta superioridade masculina, seja se colocando num patamar superior como possuidora de sentimentos tão poderosos capazes de mudar a cultura e a psicologia de um companheiro misógino e violento*.

* A coragem do caráter autoritário é essencialmente uma coragem para sofrer, o que a fatalidade ou o seu representante pessoal ou "chefe" possa haver destinado para ele. Sofrer sem se queixar é a mais alta virtude dele — não a coragem de procurar acabar com o sofrimento ou pelo menos minorá-lo. Não alterar o destino, mas submeter-se a ele é o heroísmo do caráter autoritário... A coragem está arraigada ao desespero extremo, na completa ausência de fé, e conduz ao niilismo, à negação da vida. Erich Fromm. *O Medo à Liberdade*, Zahar Editores, Rio de Janeiro, pp. 140-41.

A crença de que o *amor* que sentem é capaz de operar milagres é tão perniciosa quanto a crença na superioridade de um dos sexos. Como brilhantemente defende o filósofo Erich Fromm, em seu livro *O Medo à Liberdade*, existe um componente de autoritarismo, na atitude feminina, ao submeter-se à tirania do homem. Fico com ânsia de vômito toda vez que uma cliente assume, após narrar a sua *via crucis* com seu marido, a postura citada abaixo, diante da minha pergunta estupidamente simples, de por que não o larga:

"É o meu carma, não posso fugir dele."

Esse comportamento estóico, essa submissão a um "poder superior", seja ele Deus, Carma, Krishna ou a Tradição, é o cimento que faz com que as pessoas (e aí incluo todas, mulheres e homens) dirijam-se para o sofrimento, para a perda da liberdade e para a humilhação de forma quase que "alegre" e espontânea.

Ao examinarmos as histórias das "vítimas", veremos que, ao longo do caminho já tortuoso, elas tiveram muitas chances de pular fora do barco furado e, na verdade, algumas pularam. Mas as que ficam fazem-no por vocação, por aquilo que se convencionou chamar, em linguagem jurídica, de coação irresistível: aquela sensação de predestinação, de caminhar em direção à forca de cabeça erguida e com a "dignidade" de quem aceita o "seu destino" — atitude bem típica desse traço mórbido de caráter.

Dois

Contexto, preconceito ou destino?

Uma das facetas que sempre me intrigaram nos relacionamentos conturbados foi o desprezo que as mulheres tinham pelas referências do homem de quem se aproximavam e por quem se apaixonavam. A insistência em ignorar os sinais (óbvios para quem está de fora) de perigo e a cegueira resistente aos avisos claros e visíveis fazem parte de uma "doença" que alguns chamam equivocadamente de "amor" e à qual também os homens, naturalmente, estão sujeitos. As mesmas pessoas que, pressurosas, checam as referências de uma empregada doméstica ou as credenciais do médico com quem farão uma cirurgia não dão a mínima para o passado ou para o contexto em que encontram o seu novo *amor.* Sou um curioso insaciável por histórias de amores trágicos. Estou sempre disposto a ouvir mais uma e a fazer as perguntas de sempre: "Mas você não desconfiou quando a ex-mulher do Zé procurou a sua família contando as barbaridades que ele havia feito com ela e com as crianças?", "Você achou normal, logo no primeiro encontro, ele se meter numa briga, agredir um outro rapaz, provocar ferimentos em outras pessoas, por causa de ciúmes de alguém que ele mal acabava de conhecer?", "O fato de tê-lo conhecido no meio de uma bebedeira e de seus amigos dizerem que isso era normal não lhe chamou a atenção?", "Quando ele quis transar sem camisinha e disse que nunca usava, que não precisava, não a colocou em alerta máximo?", "O fato de estar desempregado e ainda por cima andar armado não lhe disse nada?", "Quando o Zé lhe contou que já entrara e saíra de clínicas para drogados mais de dez vezes, você achou natural?"

É comum as pessoas me procurarem quando a casa já desmoronou sobre elas, mas de vez em quando podemos ter a oportunidade de ver esses relacionamentos desastrosos nos seus primórdios. E afirmo: se é quase impossível dissuadir a mulher a pelo menos ir com mais cautela, imagina terminar o relacionamento. O que normalmente ouço é o seguinte: "Mas como o senhor pode ter tanta certeza de que a minha história com o fulano vai terminar mal? Quem o senhor pensa que é? Deus?" Tento explicar que não sou Deus, mas apenas um observador atento das estatísticas; mas não adianta. Cerca de 80% dessas moças voltam (ou vêm à mãe, à irmã, à tia ou ao pai) em busca de socorro, porque o sapo não só não se transformou em príncipe, como teimou em se transformar em escorpião (com todo respeito aos escorpiões). Temos, aproximadamente,15% de mulheres que não retornam por vergonha, e os outros 5% talvez tenham conseguido superar esses índices negativos iniciais.

Como eu dizia, trata-se de estatística. Uma pessoa de posse de suas faculdades mentais, uma pessoa que se ama, pagará para ver? Investirá tudo nos 5%? Para quem acredita que o amor é loteria, vá em frente e faça bom proveito. Reconheço que há uma boa dose de preconceito nessa abordagem. E daí? Trata-se da sua felicidade, da sua integridade física e, em última instância, da sua vida e da vida das pessoas que a amam. Quando sou procurado por mulheres que estão secas de tanto chorar, têm marcas roxas pelo corpo, que acabaram de perder um dente por causa de um soco bem dado pelo "amor da sua vida" ou que estão fugidas, pois não suportam mais os maus-tratos, as humilhações do outro, não me importo em defender uma tese em que existe uma certa dose de preconceito. O "amor" não vale tudo, e, se for realmente amor, não cobrará seu preço em sangue ou em lágrimas de sofrimento. Mas sua vida, sua felicidade, sua dignidade e sua liberdade valem uma pitada de preconceito.

Vamos, então, a uma história real e, ao mesmo tempo, arquetípica. Sei que muitas mulheres lerão e pensarão: "Essa é a minha história, ou a da minha irmã, ou a da minha melhor amiga."

Cátia estava sozinha há algum tempo e aceitou o convite de uma amiga para ir a uma roda de samba. Resumindo: o seu olhar cruzou com o de um rapaz e logo ela estava com o coração descontrolado, a respiração descompassada e as mãos trêmulas.

Ao falar com a amiga sobre aquele encontro mágico, recebeu um relatório altamente desfavorável sobre o rapaz: o dito-cujo, conhecido na vizinhança como mulherengo, vivia de "expediente", como se dizia, ou seja, de pequenos golpes, contravenções e delitos menores, e o pior: tinha uma história nebulosa de espancador de namoradas no currículo. Em princípio, foi uma marcha à ré no romance que estava começando ali, mas... No dia seguinte, cruzou com ele na rua e não pôde evitar o papo. À medida que ouvia a conversa do rapaz, uma espécie de torpor ia se apoderando dela, de seu corpo e de sua mente. Não conseguiu se opor em marcar um outro encontro, nem mesmo resistiu quando ele lhe roubou um beijo. Foi para casa caminhando nas nuvens, e os mais saudosistas diriam que ela havia sido flechada por Cupido. Evitou comentar o fato com a amiga que lhe dera o relatório desfavorável, na tentativa de evitar os inimigos do seu amor. Em pouco tempo estava navegando em pleno mar do romance, e, apesar de ter sido e estar sendo avisada dos perigos, ignorou-os. Para lidar com os sabotadores do seu amor, ela estabeleceu uma estratégia: rompeu com todos, e, se alguém ainda ousava alertá-la ao se aproximar dela, ouvia a seguinte frase: "Se for para falar (mal) do fulano, nem abra a boca e saia do meu caminho." Não demorou muito para começarem os problemas. Telefonemas anônimos avisavam-na de que o tal sujeito estava com outra garota em determinado lugar. No princípio ela não ligava, achava que tudo fazia parte de uma conspiração internacional para sabotar o seu direito de ser feliz ao lado do homem da sua vida (palavras dela). Mas um dia ela mesma viu. Achou que, se fingisse que nada havia visto, o problema desapareceria. Mas ele começou a pedir-lhe dinheiro emprestado. E ela foi descobrindo que mentia sobre praticamente tudo. Mas no fundo tinha uma convicção de que o seu amor era tão forte e tão verdadeiro que iria mudá-lo e transformá-lo em um homem bom, honesto, trabalhador e que a amaria com exclusividade (palavras dela). Isolada de todos que poderiam ampará-la, tornou-se mais dependente dele. Novas traições foram flagradas, e sua primeira reação foi recebida com extrema violência por parte dele. Machucada por dentro e por fora, não desistiu e procurou resolver a questão ficando grávida: qual o homem que não se endireita tendo nos braços um filho?(palavras dela).

A gravidez não a livrou de apanhar mais: uma, duas, três, quatro vezes, além de representar um pretexto (até aceitável) para que procurasse outras mulheres e continuasse a viver à custa dela. Quando a criança nasceu, foram morar juntos (um antigo sonho realizado) na casa da mãe dela. Os espancamentos continuaram, a vida desregrada prosseguiu, até que um dia, numa das rotineiras discussões, a mãe dela interferiu para defender a filha e o neto. Ele deu seis tiros nela e fugiu.

Numa recente entrevista a um repórter, ela confessou que, apesar da dor, tem de admitir que a mãe implicava muito com ele e que, de certa forma, ela procurara por aquilo. Perguntada se ainda o amava, se o perdoava e caso ele fosse preso o aceitaria de volta depois que cumprisse a pena, Cátia respondeu sim a todas as perguntas.

O desprezo pelas informações é o cerne do mistério que assombra esse fenômeno de conseqüências quase sempre sinistras. Por que existe essa crença de que o coração não deve ouvir a mente racional? Por que, diante de certas emoções, perdemos a capacidade de agir de forma objetiva? Por que, ao sentirmos isso a que chamam de "amor", abandonamos os princípios básicos da autopreservação? Há séculos, pensadores se dedicam a desvendar esse mistério, e, por mais que tenham avançado em respostas, ainda caímos diante desse inimigo irreal. Novamente apelamos para o fator cultural em macroescala (contaminando toda uma sociedade) ou na escala do indivíduo.

Recentemente ouvi uma declaração de uma jovem que fora espancada pelo seu companheiro por sete longos anos. Relatou que já na sua lua-de-mel ele lhe aplicara uma surra na seqüência de uma discussão sobre preferências de passeios. Quando perguntada pelo entrevistador por que não se separara já na ocasião, ela respondeu: "Eu era muito novinha, só dezessete anos, e além do mais achei aquilo normal. Assisti à minha vida inteira a minha mãe apanhando do meu pai. Vi a minha irmã mais velha apanhar do marido, minha madrinha também; então, eu achava que aquilo era normal, fazia parte de todo casamento."

Vivemos nadando num oceano de ilusões as mais diversificadas e aceitamos as ilusões como realidades, pela falta de realidades que se apresentem para o trabalho.

Assim, mitos, mentiras, desinformações acabam se constituindo na matéria real da qual fazemos o nosso dia-a-dia e, o pior, na matéria da qual fazemos a nossa vida real.

Quando eu era menino, fantasiei várias vezes a morte dos meus inimigos, dando-lhes (nunca pensei direito em como faria isso) para beber uma vitamina de manga com leite. Por anos acreditei, sem questionar, que, se tomasse manga com leite ou tomasse o leite e depois comesse manga, morreria em questão de minutos. Minha mãe acreditava que durante as tempestades não se podia pronunciar a palavra *raio*, pois isso o atrairia sobre nós. E, ao ser criticada, ela dizia, orgulhosa, que estava longe de ser uma supersticiosa e crédula, como a mãe dela, por exemplo, que durante as tempestades cobria todos os espelhos da casa com veludo preto para não atrair os raios. Já a minha tia não permitia que se abrissem guarda-chuvas dentro de casa (morreria o pai) nem que se andasse de costas (morreria a mãe), ou vice-versa, e viviam de acordo com essas e tantas outras regras. Hoje, meu filho zomba de mim quando digo que fiquei gripado porque peguei friagem ao dormir sem camisa.

Os artistas românticos, de forma geral, são os grandes responsáveis por perpetuar o mito da incompatibilidade entre o amor e a razão. Dizem, em filmes, romances, novelas, desenhos animados, sempre com melodiosa música de fundo: "Siga o seu coração..." Quantos de nós não enxugamos as lágrimas na sala escura de um cinema quando a personagem da avó, frustrada por uma vida de desamor e "lógica", aconselha a neta a fugir com o namorado, seguindo o seu coração? Embora já tenha tratado desse tema extensivamente no meu livro *Solidão Nunca Mais*, a cultura do amor romântico pode ser a maior responsável pelo quase transe hipnótico em que as pessoas caem diante daquilo que acham que é amor. Algo acontece durante esse transe que afeta até a química do cérebro, e existem estudos mostrando isso. Assim, muitas pessoas perdem temporariamente a capacidade de avaliar a situação em que se encontram, não conseguem fazer julgamentos minimamente razoáveis sobre o seu parceiro e, então, embarcam em viagens perigosas, geradoras de infelicidade, que, no mínimo, fazem-nas perder muito tempo e quase sempre acabam em enorme frustração.

Três

Neurose do Convencimento Obsessivo

Existem algumas neuroses (uso um termo freudiano pela falta de outro melhor) nas quais o indivíduo, incapaz de lidar de forma sadia com a realidade, cria variantes dessa realidade que se ajustem melhor à sua maneira de pensar (e, na verdade, aos seus interesses). Freud disse que a função básica do sonho era a de proteger o sono, da mesma forma funcionaria essa pseudo-realidade criada e sustentada "a ferro e fogo" pelos neuróticos, para proteger o seu "sono" a que chamam de "sua vida". Dei o nome a esse tipo de patologia de **Neurose do Convencimento Obsessivo (NCO)**. Nessa categoria entram os fanáticos religiosos e políticos, prontos e preparados para maquiar ou derrubar a realidade ou a verdade histórica sempre que esta desmentir ou contrariar as suas convicções. Recentemente, o leitor de uma revista mandou um e-mail para a Redação sobre uma matéria de capa acerca do maior ditador de todos os tempos, Adolf Hitler. Na sua mensagem, ele dizia que a revista desrespeitava o "valoroso povo alemão" e que, se a revista "tivesse bom-senso, a capa seria Winston Churchil ou Ariel Sharon". A NCO acaba desenvolvendo esquemas mentais ardilosos, que se configuram em habilidade verbal para defender seus pontos de vista por mais esdrúxulos que possam parecer, não contra-argumentando com fatos, mas sim atacando ou desviando o foco para outra vítima. Como é o caso do leitor simpatizante do nazismo, que, incapaz de fazer uma defesa aberta de Hitler, falou do valoroso povo alemão (que nunca esteve em questão e que, em sua maioria, abomina a figura do sanguinolento ditador) e desviou o foco para outros dois personagens, que também não estavam em questão. Assim funciona a mente daqueles que padecem de NCO.

Com o tempo, descobrem que devem se tornar bons "argumentadores"; na verdade, devem aprimorar ao máximo a sua capacidade de esgrimir com as palavras, que, escravas, se tornam massinha de modelar em suas mãos, digo, línguas. Eles são mestres na arte de remontar à história, seja a universal ou a pessoal, escamoteando o que "não interessa", pinçando e mostrando com ênfase aquilo que lhes dá *razão*. Mas o pior de tudo é que, para convencer o mundo, precisam, antes, se convencer, e o fazem com o sacrifício de sua sanidade. Eles dizem: "Quem não está comigo, está contra mim" ou "Quem critica a minha fé ou quem contesta a minha ideologia, bom sujeito não é, e deve ser combatido." Em nenhum momento aceitam admitir a crítica em seus salões fechados como cofres; em nenhum momento aceitam a possibilidade da dúvida.

No transe amoroso não é diferente, apenas o objeto do amor se torna a sua religião, a sua ideologia, e tudo que "ameace" essa relação é bombardeado ou, no mínimo, ignorado. Por isso que, na ideologia, como na religião, a Neurose isola, destaca o indivíduo contaminado do grupo, coloca-o numa espécie de "Ilha da Fantasia", onde ele reina, sua rainha (seu rei) é perfeita, seus súditos são perfeitos e o amam incondicionalmente. Quem não está incluído na sua fantasia é julgado como inimigo ou estrangeiro hostil; quem não balança a cabeça afirmativamente diante das suas delirantes elucubrações é visto com a desconfiança dos forasteiros, a quem se deve negar e atacar (não necessariamente nessa ordem). Você certamente já conheceu alguém assim, ou convive diariamente com alguém que tem NCO, ou até, quem sabe, é um deles. Se for, deve estar achando tudo isso bem chato ou até absurdo; pode até estar pensando: "Quem esse sujeito pensa que é? Deus? O dono da verdade?" Pois é assim mesmo que reagem os que se sujeitam à NCO na guerra ou no "amor". Por isso é missão impossível alertá-los sobre o perigo que correm ao embarcar numa fantasia amorosa, sexual, que lhes preencha, pelo menos aparentemente, os antigos vazios afetivos/sexuais.

O nome dela era Suelen. Ligou-me e marcou uma consulta, sua voz estava aflita ao telefone, e me perguntou se eu poderia atendê-la o mais rápido possível e fazer um preço mais acessível, pois estava numa situação difícil. Ouço isso todos os dias, mas nunca podia imaginar o quão difícil era a situação dela. Procurei facilitar ao máximo a sua vinda, e, em resumo, ela estava "foragida". Da polícia? Não, do marido. Havia fugido dele e estava apavorada, pois sabia, por intermédio dos parentes, que ele estava batendo de porta em porta com um revólver na mão para obter o seu paradeiro. Nesse momento farejei encrenca da grossa, e não deu outra. Mesmo assim tentei ajudá-la; ela veio mais duas vezes e conversamos muito. Essa era sua terceira tentativa de escapar e, segundo ela, a definitiva. Dias depois, um carro sinistro com dois homens dentro começou a rondar a minha casa — era ele. Não demorou muito para que me ligasse e marcasse uma consulta. Apesar da resistência temerosa da minha mulher, eu não podia deixar de atendê-lo. Era um homem alto, de traços fortes e voz de trovão. Seu primeiro impulso foi o de contar a sua *verdadeira* história, porque, como ele disse, eu devia estar com a cabeça cheia das mentiras que tinha ouvido até ali (referia-se à mulher, pois já sabia que havia me consultado algumas vezes). Quando lhe perguntei como sabia de tudo aquilo (a respeito da relação terapêutica entre mim e Suelen), ele riu, debochando: "Eu sei de tudo." Perguntei-lhe se estava me espionando, se estava invadindo a minha privacidade. Ele recuou e disse-me que absolutamente, era a própria Suelen que contava tudo para ele. Aquilo lhe serviu de gancho para dizer que o amor deles continuava forte, que o grande problema, o grande inimigo, era a sogra, a megera, a cobra venenosa, que nunca gostara dele e que estava fazendo de tudo para que se separassem. Perguntei-lhe então por que não respeitava o direito da esposa de ficar um tempo afastada dele. "Porque não é ela. Porque está sob a influência maléfica da mãe; ela não está no seu juízo perfeito."

"E as marcas de espancamento?"

"Todo casal tem suas desavenças, isso é normal, é coisa do casamento. Confesso que, às vezes, ela me tira do sério, mas agora está tudo bem, já pedi desculpas, não vai acontecer de novo."

"Como é que você a encontrou aqui, a centenas de quilômetros da sua casa? Ela me disse que você vinha ameaçando os parentes dela com uma arma, até descobrir o seu paradeiro."

"Exagero. Mas não nego que fiz de tudo para encontrá-la. Isso não é prova do meu amor?"

"Quer dizer que não há como você deixá-la ir?"

"Sou da velha-guarda, daqueles que acreditam no casamento indissolúvel. O que Deus uniu ninguém separa, só a morte. O lugar dela e dos meus filhos é lá em casa comigo. Já a mãe eu não quero mais conosco. Vou alugar um apartamentinho para ela, não vai faltar nada pra velha, mas quero ela longe de nós, não vou permitir que atrapalhe a nossa felicidade." Mas continuei a insistir para ver até onde ele iria: "Mas essa é a terceira vez que ela foge de você. Todas as vezes foi culpa da sua sogra?"

"Pra você ver, e todas as vezes ela voltou, como vai voltar agora. É muito fraca de cabeça e acaba me obrigando a fazer isso. Abandonei meus negócios, estou perdendo dinheiro, tudo isso por nada. Mas assim que voltar eu recupero, não sou homem de perder nada."

Ele veio mais uma vez, pois, na verdade, achava que precisava me convencer de que o melhor para Suelen era se render e voltar para ele. Ela me ligava de um telefone público, aflita para saber se estava tudo bem comigo. Preocupava-se em não ser a causadora de alguma violência contra mim e a minha família. Não havia argumentos que pudessem encurralá-lo, pois estava vivendo um transe, estava sob o efeito de uma hipnose, era um típico sujeito com NCO e, ainda por cima, usava a violência para dar mais "peso" ao seu discurso. Quem o ouvisse falar ficaria plenamente convencido das suas razões justas, do seu imenso amor, capaz de atravessar o mundo para resgatar a sua amada das garras da megera malvada ou, pior, salvá-la dela mesma. Enquanto falava, não manifestava nenhum sinal de tensão, não tinha tiques, não tamborilava os dedos, não desviava o olhar, não gaguejava...

A última cena de que me lembro foi a de Suelen chegando na minha casa numa noite fria de temporal, com os filhos assustados e a mãe, fiel companheira e saco de pancadas, num carro cheio de malas. Vinha se despedir, ia sair da casa dos parentes que a estavam abrigando, pois não queria colocar a segurança deles em risco diante das ameaças do marido.

"Para onde você vai?", perguntei aflito.

"Prefiro não lhe dizer, é melhor para você e para a sua família. Vou continuar fugindo, mas não voltarei mais para aquele inferno em que eu vivia."

Um mês depois ela me ligou. Estava de volta a casa com o marido... e nunca mais soube dela.

Cair nas garras de uma NCO, seja homem ou mulher, é sempre um desastre. Recentemente (escrevo no início de 2004) uma novela de tevê fez enorme sucesso, com uma personagem ensandecida pelo ciúme por seu homem. Depois de fazer barbaridades, como tentar esfaqueá-lo ou atropelar uma suposta rival, ela sempre tinha argumentos consistentes para se defender, defender seus gestos, escudando-se atrás do GRANDE AMOR. Apesar de o autor da novela ter carregado nas tintas e propositalmente levado a personagem aos paroxismos da loucura e do desvario, pesquisas indicaram que muitas mulheres se identificaram com ela e que não só estavam "solidárias" com a personagem, como também achavam que ela "estava coberta de razão". Essa neurose é uma grave doença das emoções, tanto para colocar pilha nas almas que sofrem nas mãos de seu grande *amor*, como para municiar de energia o predador, que "bate, arrebenta e mata" por AMOR, ou para o bem da amada. Tanto na novela quanto na vida real, os doentes emocionais causam estragos terríveis na vida das pessoas que têm a infelicidade de cruzar com a deles, tanto quanto elas próprias. Sofrem de um agravamento da cegueira da realidade, doença essa que todos nós temos num certo grau e que nos faz deformar a realidade de acordo com as nossas crenças, visão de mundo, cultura, inteligência etc. As pessoas com NCO simplesmente fazem uma **releitura** da realidade à sua moda, de cabo a rabo, como se fossem "Picassos", transpondo suas mulheres para as telas em um grotesco quebra-cabeça não encaixado de pedaços cubistas de sua anatomia. Só que Picasso era pintor, e as telas, sua arena, não o palco mal iluminado do nosso cotidiano.

Você já esteve no raio de ação de alguém com NCO? Nunca esteve e, ao ler o meu relato, está temendo topar com um desses ou dessas na sua vida? (Não vou nem perguntar se você se identificou com o perfil de uma pessoa com NCO, porque, se isso aconteceu, certamente já atirou o livro pela janela, dizendo: "Que imbecil!") Então vamos fazer uma prestação de serviço e ajudar você a identificar esses ou essas com NCO antes que fique preso na teia de onde só se sai chamuscado.

Frases que você NUNCA vai ouvir de alguém com NCO:

Eu não tinha pensado nisso.
Bem, visto por esse ângulo, você pode ter razão.
Prometo que vou pensar no assunto, com carinho.
Eu posso estar enganado.
Tenho quase certeza.
Me dê um tempo para eu colocar as idéias em ordem.
Vou ouvir outras pessoas para poder decidir melhor.

Frases ou expressões muito COMUNS dos que padecem de NCO:

Estou absolutamente convencido disso.
Mesmo se fosse verdade eu não acreditaria.
Não provei e não gostei.

Tenho provas irrefutáveis de que isso está errado.

Você não sabe de nada.

Só eu sei o que é melhor para ela (ele).

Fiz e faria de novo, quantas vezes fosse preciso, porque tenho absoluta certeza de que Deus sabe que estou com a verdade.

Na verdade, eu não menti, eu omiti, porque há coisas que você não precisaria saber.

Deus quer que eu faça isso.

Estou 110% certo.

Você precisa de alguém que cuide de você, que lhe diga o que fazer e quando fazer. Você sabe muito bem que esse alguém sou eu.

Essa lista poderia ser estendida por quilômetros, e certamente vocês devem ter em sua coleção muitas delas para acrescentar. Pode parecer paradoxal, mas, quanto mais alguém com NCO se afasta da realidade/verdade, mais o seu discurso (e os seus métodos de convencimento extracurriculares) se tornam elaborados, *consistentes,* ardilosos. Fico fascinado em observar os contorcionismos verbais e gestuais dos que sofrem de NCO, quando são acuados. Na maioria das vezes simplesmente não se defendem; não, isso seria muito simplório e até saudável demais para eles. Atacam! Tentam desqualificar seu interlocutor ou o acusador; tentam ridicularizá-lo, desacreditá-lo diante da platéia ou deles mesmos. É claro que nisso são mestres. Ao final da arenga vamos ver que a questão central, a peça de acusação, ficou intocada, nem sequer arranhada.

Regra nº 1 de alguém bem NCO: "A melhor defesa é o ataque."

Dormir com uma pessoa dessas, seja de que sexo for, é sempre um exercício de alta periculosidade, é como andar na corda esticada ao máximo, é estar sempre medindo as palavras, controlando os gestos, tentando adivinhar o que ele ou ela está pensando. Uma cliente me contou que todos os dias acordava mais cedo que o marido e tentava se antecipar a todas as críticas e acusações que ele pudesse lhe fazer logo pela manhã. Com o tempo desenvolveu uma enorme capacidade de perceber as coisinhas imperceptíveis, como um palito de fósforo no chão, ou livro fora do lugar ou uma conta em atraso. Tudo isso podia servir de gancho para que ele começasse a arrancar do "baú de mágoas atrasadas" lembranças do que o irmão dela lhe fizera na década de 70 ou de como ela o tratara mal na frente dos vizinhos, logo no começo do casamento. E, como palavra puxa palavra e uma coisa puxa outra, logo ela estaria sendo ofendida, humilhada e, dependendo das condições meteorológicas, até agredida fisicamente, e tudo poderia começar com um palito de fósforo. Vivia reclamando de fortes dores de cabeça, e um dia sugeriu, com um sorriso irônico, que eu me vangloriava de ser muito isso, muito aquilo, mas não conseguia curar a sua dor de cabeça! Quando lhe disse que a razão da sua dor era o marido ou, melhor, sua relação com ele, contra-argumentou: "Pois é, sempre que os médicos não conseguem curar um paciente, logo arranjam uma desculpa desse tipo. Quer dizer que para me curar da minha dor de cabeça preciso matar o meu marido?" Pacientemente respondi: "Acho que não precisaria chegar a tanto, pois uma simples separação já ajudaria."

Para não perder a viagem e dar a palavra final, ela sacramentou: "Separar? Você não conhece o Armando. Para me separar dele só matando ou me suicidando. Sendo assim, prefiro a minha dor de cabeça." Saiu dali, brava, certa de que tinha perdido tempo e dinheiro. Pouco depois retornou com novidades: o Armando "se enrabichou por uma sirigaita que tinha a idade para ser filha dele e se mandou". Mas veio só para me dizer que as dores de cabeça continuavam. Durante uma hora ela citou o nome Armando pelo menos umas cinqüenta vezes. No final, eu lhe disse com muito cuidado e carinho: "Suas dores de cabeça ainda a atormentam porque o Armando se separou de você, mas você ainda não se separou dele." Para confirmar a minha teoria perguntei: "O travesseiro do Armando ainda está ao seu lado na cama?" Com os olhos cheios de lágrimas ela assentiu com a cabeça, mas logo se recuperou e contra-atacou: "Mas o que isso tem a ver?"

De tanto a minha cliente conviver com um portador de NCO, ela acabou aprendendo a "técnica" da argumentação sem fim, da esgrima com as palavras, mesmo que não fizessem sentido, mesmo que não contribuíssem para resolver o problema. O meu medo, eu lhe disse, era aparecer outra pessoa na sua vida e ela viesse a fazer ou agir com essa pessoa da mesma forma, com os mesmos instrumentos que o Armando utilizava para mantê-la crucificada. Infelizmente isso é muito comum. Talvez fosse inútil naquele momento dizer a ela que deveria buscar uma terapia de longo alcance, pois a gênese do seu masoquismo estava ligada (assim como a de seu marido sádico) a uma terrível e pavorosa teia de solidão, medo e impotência. A maioria dos sádicos sofre de impotência, muitas vezes sexual, e, quando não, trata-se de uma impotência muito mais grave: **a de amar** — conseguem a ereção do pênis, mas seu coração continua flácido, e uma criança apavorada dentro de um quarto escuro chora e treme dentro de sua alma. A combinação desses fantasmas é a verdadeira trama por trás da NCO e de outras disfunções também devastadoras.

Quatro

O "Pacote" Completo

De vez em quando, nos filmes ou até mesmo na vida real (o que não faz muita diferença), escutamos a frase, dita pela própria pessoa ou ouvida como conselho de alguém mais vivido: "Vá em frente, querida, você vai se casar com uma pessoa e não com uma família." Ou uma outra pérola do conhecimento e da sabedoria: "Não me importa o passado dele, nem de onde ele vem, nem o que ele faz, só me importa ele, aqui e agora!" É claro que essa não é a espécie de estupidez que só acontece no transe amoroso; ela está disseminada como uma "verdade" em muitos círculos sociais e mais ou menos como aquela célebre frase já citada: "Faça o que o seu coração mandar." Antes eu ria muito quando ouvia uma besteira dessas, mas hoje, depois de presenciar o tanto de sofrimento e frustração que esse conceito gera, não mais sorrio quando escuto algo semelhante. Você não concorda? Está me achando muito radical? Preconceituoso? Descrente no amor? Compreendo, mas não desista já, leia até o fim, quem sabe mudará de idéia.

Em outros livros já escrevi sobre a "teia de aranha" energética que nos une a todos, e nos torna conectados, numa hierarquia que vai dos familiares e amigos/amantes até as pessoas que estão do outro lado do planeta e que certamente nunca veremos. Em termos psicológicos, somos uma soma de tantas outras personalidades, experiências e heranças genéticas ao longo de uma enorme cadeia de transmissão. Em termos sociais também somos, ao mesmo tempo, uma individualidade e um componente de uma determinada máquina social e, portanto, somos essa mesma sociedade, como somos a família, a torcida do time, a nação ("Vamos receber o **representante do Brasil** na convenção internacional dos pescadores de lambaris!"). Assim, podemos dizer, com bastante segurança, que cada pessoa é a soma de si mesma e de suas extensões. Quando você "compra" uma pessoa, levará junto **todo o pacote,** ou seja, a família, o passado e a *vida* dela.

A vida da pessoa com quem você está é parte indissolúvel desse pacote, não há como fazer o corte: "*Daqui pra cá é a pessoa que eu amo, daqui pra lá é a vida dela, que não vai me afetar em nada.*"

"Matilde estava radiante, aquele seria o dia mais feliz de sua vida. Finalmente estava se casando com o seu grande amor e realizando um sonho de criança — casar-se com um "homem de farda". Ademilson, seu marido, era cabo da Polícia Militar. Durante todo o namoro, várias pessoas tentaram alertá-la sobre Ademilson, e ela mesma acabou descobrindo a verdade: ele era um policial violento, temido, não só pelos bandidos, mas também pelas pessoas de bem e até mesmo por outros policiais. Mas a resposta dela era sempre a mesma: 'Para mim ele é bom. Nunca me encostou um dedo. O que faz lá fora não me interessa. Só me importa o que faz comigo, como ele é comigo e com a minha família, e disso não tenho queixa.' Casaram-se e, em alguns anos, já tinham três filhos, uma escadinha, como ela dizia, e tudo ia aparentemente muito bem. Um dia, estava sentada em frente à tevê, quando viu seu marido. Um cinegrafista amador havia gravado cenas de policiais extorquindo e espancando pessoas numa rua escura da periferia. O chefe da operação e o que mais demonstrava violência era o seu marido, vestido com o mesmo uniforme que tanto a fascinava. Ela ficou em choque, a cena era repetida e repetida, e ela observava, atônita, seus três filhos também, os menores sem entender direito. O telefone de sua casa começou a tocar, e o resto não é difícil de deduzir. Sua vida estava destruída, pelo menos aquela que até então era a sua vida, e iria demorar e custar muito para reconstruí-la."

Tenho certeza de que vocês já devem ter visto algum filme em que a protagonista casa com um homem maravilhoso e misterioso, cujo passado ela desconhece ou é fictício. Um *belo* dia, homens armados invadem-lhe a casa em busca de seu marido, que era um matador ou agente da CIA, renegado, com contas a ajustar etc., etc.

Esse enredo clássico mostra como a separação entre o indivíduo e a sua vida é improvável e um risco grande demais para uma pessoa sensata bancar. Quando um grande amigo meu veio comunicar-me que iria casar-se e a sua escolhida era uma garota de programa, eu não lhe disse que não se casasse. Apesar de saber que casamos ou nos ligamos também (e, em muitos casos, **principalmente**) com a vida que a pessoa tem, considero que isso ainda não é o pior — o pior é desconhecer ou desdenhar esse fato. Por isso não o aconselhei a recuar, até porque ele estava tão entusiasmado que eu só conseguiria entristecê-lo e, de qualquer modo, ele se casaria. Mas tive o cuidado de preveni-lo sobre o "pacote". Avisei-o de que estaria levando junto as experiências dela e as razões que a haviam levado a tal opção de vida, e isso (e não a pessoa em si) poderia ser o maior problema. Infelizmente não deu certo. Aparentemente estavam indo muito bem, mas, pouco antes de terminar o primeiro ano de casamento, cheios de planos para construir a casa dos sonhos e encomendar o bebê, ela acordou numa manhã e lhe disse: "Preciso lhe dizer, estou apaixonada por outro homem..." É claro que, sob certo ponto de vista, ela agiu com muita dignidade — quantas pessoas que não têm esse passado também não têm a coragem e o respeito que ela demonstrou pelo meu amigo e vão levando uma vida dupla, até onde conseguem. Mas, sem dúvida, sua vida pesou na balança. Ela ainda tentou com mais dois ou três, antes de sumir no mundo. Mas isso acontece também em outros tantos níveis.

Uma história que conto sempre é a dos ex-favelados da Praia do Pinto, uma das maiores favelas do Rio, que foram premiados com apartamentos em um conjunto habitacional no Leblon, bairro nobre da Zona Sul. Em pouco tempo, a maioria dos apartamentos estava detonada. Muitos retiraram as ferragens (torneiras etc.) para vendê-las, jogavam lixo nos corredores e depredavam seus próprios imóveis. Certos setores da elite da sociedade carioca vieram a público lamentar que "esse tipo de gente" não merecia sair da favela... Hoje sabemos o que aconteceu: **faltou a tradução**! Exatamente! Os padrões sociais, arquitetônicos e até geopolíticos em que vivemos são linguagem que aprendemos e que fazem parte da nossa vida, tornando-se uma extensão dela. Para a mudança desses padrões é preciso um tempo em que haja uma tradução dessa linguagem que está sendo trocada pela nova. E isso não foi feito na época dos moradores da Praia do Pinto. E também não foi feito com a ex-mulher do meu amigo. É claro que essa tradução também é um mecanismo complicado e envolve um fator crucial, que é o tempo, além de uma estratégia nem sempre simples de se implementar. Tanto no caso do meu amigo quanto no dos ex-favelados, tudo foi muito brusco, muito impensado, ambos estavam certos de que a boa intenção era o único passaporte para a felicidade. O meu amigo sentia-se orgulhoso, por estar atropelando a sua educação ultraconservadora, seus preconceitos etc., em nome do amor. E Dom Hélder Câmara (idealizador do projeto Cruzada São Sebastião) e sua equipe estavam certos de que agiam motivados pelos ideais mais elevados, e, munidos dessa bandeira do Bem, não iriam falhar.

Lição nº 1: não importa o quão positiva seja a sua intenção. Não importa se os seus propósitos são altruístas, elevados, nem se você está se sacrificando para salvar alguém do precipício, ou se o seu amor é maior que o mundo. Em geral essas são justificativas de forte conteúdo emocional, que acabam enfumaçando os contornos dessa realidade, dificultando uma análise mais objetiva e ações mais eficazes.

Retirar alguém de seu contexto de vida e colocá-lo em outro muito diferente significa correr um enorme risco. Uma moça que morou a vida toda com os pais protetores e vai morar sozinha em outro país ou mesmo em outra cidade pode se defrontar com graves dificuldades, e talvez sua experiência redunde em fracasso. Mas, se for preparada para isso (tradução) e a ruptura não for feita de forma abrupta, suas chances de crescer como pessoa e de enriquecer a sua experiência serão muito maiores. Uma mudança brusca e radical poderá fazer com que ela saia disso mais fraca do que quando entrou, achando que passou atestado de incompetência socioemocional. Mas nem sempre é isso, o que falta é a tradução.

Pegar alguém que tem medo de água e atirá-lo na piscina, mesmo que perceba que não se afogou, não vai curá-lo de sua fobia. É preciso que haja uma aproximação gradual.

Por isso muitos relacionamentos fracassam. A tentativa de trazer uma pessoa com uma vida muito diferente da sua para a sua vida costuma não dar bons frutos. Num livro anterior já contei a história de Madalena, mas vou repeti-la dando ênfase ao aspecto que estamos tratando. Ela era a filha mais nova de um bem-sucedido empresário do interior. Cidade pequena, filha de pai rico e poderoso, era tratada como uma princesinha, não só pela família, que alimentava grandes expectativas em relação ao seu futuro, como pela sociedade da cidade. Apesar disso, cresceu sem muitos namorados, e, já mocinha, conheceu um rapaz. Como sempre dizia: "filho de *carroceiro*", ou seja, de família muito humilde. Ela se preparava para cursar a faculdade de direito e ele era semi-analfabeto. Imaginem a oposição familiar àquele romance. Mas, sendo filha de quem era, bateu o pé e lutou com todas as armas e com toda tenacidade pelo seu amor. Para diminuir a distância social, moveu céus e terras para que ele também estudasse, e foi o que aconteceu: ele acabou se formando apenas três anos depois dela e também pôde ostentar o título de doutor. Casaram-se, obviamente com a oposição da família dela, mas, logo que veio o primeiro filho, essa oposição começou a ceder. O pai todo-poderoso arranjou em uma das suas empresas um cargo para o genro, que, muito ambicioso, começou a *subir na vida*, e em poucos anos estava numa posição privilegiada e completamente aceito pela família. Mas as coisas então começaram a desandar, pois o Zé (marido da Madalena) já não era o mesmo. Constantemente chegava tarde da noite em casa, e toneladas de evidências mostravam que havia outras mulheres na jogada, mas Madalena fazia vista grossa.

Um dia, ela foi procurada por um de seus irmãos, que trazia uma denúncia grave de que, há muitos anos, o Zé estava desviando dinheiro da empresa e alimentando uma conta no estrangeiro. O pai dela já sabia, mas tentou ignorar o fato para não magoá-la; porém, a coisa estava crescendo muito e era preciso fazer algo.

Madalena teve um enfarte ao tomar conhecimento e por pouco não morreu. Assim que saiu da UTI recebeu a visita do marido, que cinicamente confirmou tudo e ainda deu mais detalhes. Quando ela, chorando, lhe perguntou o porquê de tudo aquilo e de toda aquela mágoa, ele respondeu mais ou menos assim:

"Isso é pouco para você e a sua família metida a besta. Vocês que sempre me trataram como se eu fosse um lixo, como se a minha família fosse nada, sempre foram os superiores, os bons; e nós, a escória. Isso é pouco por eu ter aturado você por todos esses anos, as suas manias, o seu orgulho, a sua superioridade. Nem ser mulher você sabe."

Mesmo recém-recuperada de um enfarte, ela ainda tentou acertá-lo com um vaso (errou e quase enfartou de novo), mas acabou se recuperando de vez. Assim que pôde, divorciou-se, mas as cicatrizes nela, nos filhos do casal, em sua família e nos amigos que acompanharam tudo ficaram para sempre.

O que acontece é que essas transposições de vidas muitas vezes ocorrem na faixa superficial, que envolve comportamentos e o aprendizado de encenações socialmente esperadas. Mas no afã adaptativo sobram pouco tempo e disposição para tocar nas águas mais profundas das estruturas psicológicas, em geral ligadas ao carma de cada um.

Relendo esse trecho, sinto um cheiro de interpretação preconceituosa, elitista e reacionária das relações humanas, algo tipo "*lé* com *lé* e *cré* com *cré*", como diziam as nossas avós. Não é essa a minha mensagem, não sou tão simplório assim, a idéia é que precisamos estar ligados, atentos, não só no indivíduo como também em sua bagagem, ou seja, em tudo aquilo a que ele chama de **sua vida.**

O nome dela é Izolina. Conheci-a num programa popular de rádio, desses em que as pessoas contam seus dramas e tragédias em busca de socorro. É claro que não é de graça, elas se transformam na atração principal, o seu drama é uma espécie de novela da vida real, a qual os outros ouvem, ora se comparando a ele, ora respirando aliviados: "Pelo menos meu caso não é tão grave como o dela." Naturalmente, tratava-se de uma pessoa muito simples, e apesar de que portadora de um drama procurava sorrir; afinal de contas, a sua cartinha havia sido selecionada e ela estava na rádio. Resumidamente, a história de Izolina é a seguinte: um belo dia, resolveu voltar em casa para pegar o sabão em pó que havia acabado (estava lavando roupa no quintal da vizinha). Qual não foi a sua surpresa quando flagrou o marido e sua irmã, aos gemidos e sussurros, em sua cama.

Voltou cambaleando até a casa da vizinha, desmaiou e, por sugestão da amiga, dormiu lá aquela noite. No dia seguinte, acordou tarde, ainda zonza sob o efeito do choque da dupla traição, deu uma geral na filharada (tinha três filhos e estava esperando o quarto) e foi para casa enfrentar seu pesadelo. Quando chegou lá — surpresa! —, o casalzinho, não contente com a canalhice, batera as asinhas e foi montar seu ninho de amor em local incerto e desconhecido. Mas não iriam começar uma vida nova, assim, a seco. Então levaram tudo, até as tampas de privada, lâmpadas e caixa de fósforos da casa humilde de Izolina.

O pedido dela para os ouvintes piedosos era de algumas roupas (sim, a irmã vestia o seu manequim), roupas para as crianças (fora tudo no arrastão) e quatro passagens para que ela pudesse voltar para sua terra natal, onde o restante de sua família estava instalado e poderia lhe dar guarida. Todos, na rádio, ficaram comovidos, e tenho certeza de que quem estava ouvindo a emissora naquele momento não deve ter contido as lágrimas, assim como eu. Mas outro sentimento dividia espaço na minha alma com a consternação pela desdita da Izolina: raiva! Eu estava com muita raiva dela, e não consegui conter esse sentimento. Pedi a palavra, afinal eu estava ali para aquilo mesmo, e disse mais ou menos assim:

"Minha filha, tenho certeza de que o público vai lhe arranjar as passagens e as roupinhas, e muito mais. O pior já foi feito; por isso, não vamos ficar aqui buscando culpados, e o seu marido não se tornou canalha da noite para o dia. Ele não virou bandido quando transou com a sua irmã na sua cama e ROUBOU todas as suas coisas e as de seus filhos. Ele já era safado e sem-vergonha."

Então ela disse candidamente: "Mas eu não sabia."

Claro que sabia, sabia, mas jogava pra debaixo do tapete, seguindo aquele podre ditado que diz: **Ruim com ele, pior sem ele**. Um homem que faz isso não tem boa índole, e já devia ter demonstrado inúmeras vezes, mas não o fizera num rompante. Logo depois, ao ser perguntada pela apresentadora sobre o paradeiro dos dois, disse que não sabia e que os "bandidos" estavam atrás dele e que, se o encontrassem, o matariam. Aí ficamos sabendo (o que eu já sabia) que ele estava envolvido com tráfico de drogas e outros crimes, dos quais ela tinha conhecimento.

Nesse momento você interrompe a minha narrativa e diz, cheio de sociologia: "Mas, Roberto, você não pode ser tão severo com essa mulher, pois ela é duplamente vítima, primeiro das condições sociais injustas e perversas e, depois, do destino." Eu serei obrigado a discordar: não posso responsabilizar o sistema ou a sociedade, que somos eu e você; essas entidades não têm cara, não têm número de identidade e não colocam crianças no mundo.

Não podemos nos esconder sempre atrás do macro e passar a mão na cabeça do micro, correndo atrás de um prejuízo eterno, fazendo o trabalho de Sísifo, pois isso acaba em dízima periódica. Izolina tem culpa nesse cartório sim, mas podemos atenuar essa culpa alegando a sua ignorância e todos os demais argumentos socioculturais que você sacode no ar. Porém, se ela não levar uma bronca, não vergar sob o impacto de um soco crítico na boca do estômago, apenas porque é uma vítima social, irá repetir o erro (tinha somente 27 anos, imaginem quanto tempo de vida para botar mais crianças no mundo, filhos de canalhas e safados, e ser massacrada por outras traições e maldades) sabe-se lá quantas vezes mais. Na verdade, muito mais do que uma tragédia social, essa é uma tragédia sentimental e moral, como já vimos em outros casos em que a vítima tinha grana e boa educação. Izolina faz parte de uma cultura velha, falida, mas ainda atuante, onde a regra é ter alguém para dividir a cama, seja quem for. Mais que ninguém, entendo que existe, na maioria dos relacionamentos, um componente cármico poderosíssimo que torna a visão crítica e a rejeição do parceiro ou da parceira "bandida" muito difíceis, mas é justamente aí que se encontra o fator evolução. Muitas pessoas acham que ir ao encontro do carma, aceitá-lo de forma resignada, é a Lei. NÃO É! Quantas mulheres pseudo-espiritualizadas, depois de chorarem meia hora de lágrimas de sangue na minha frente, tendo como pivô do seu drama o marido, me respondem com a resignação dos primeiros mártires cristãos: "Não posso abandoná-lo! Me disseram que ele é o meu carma!" Essa é uma das maiores besteiras místicas da subcultura espiritualista. Você não tem "missão" com ninguém, não há missão a não ser a de se libertar das cadeias que impedem a evolução, o aperfeiçoamento da alma, o crescimento da Consciência.

Cinco

A Síndrome do Quarto Escuro

Em seu ensaio sobre a ansiedade infantil*, Freud fala que o antológico medo infantil do quarto escuro é, na verdade, o medo de não ver a pessoa amada (mãe, pai etc.) e assim não poder satisfazer-se com a presença do ser amado. Ele diz que a ansiedade infantil é uma evolução da libido ou uma transformação da mesma quando esta não pode ser satisfeita. Igualmente, o adulto ansioso desenvolve medos (da solidão, do escuro etc.) justamente por não conseguir ter à mão o objeto para a satisfação da sua libido. Ele cita um episódio que lhe foi altamente iluminador, se me permitem o trocadilho. Uma criança de três anos, num quarto escuro, grita para a tia: "Tia, fale comigo, estou com medo porque está muito escuro aqui." Ao que a tia responde: "De que adianta falar com você se está escuro e você não me vê?" O menino esclarece: "Não faz mal, é que, quando alguém fala, tudo fica mais claro." Concordo com Freud que

* Do livro *Three essays on the theory of sexuality and other works*, Penguin Freud Library, vol. 7, p.147.

a condição primária para o desenvolvimento da neurose/ ansiedade é a regressão a um estágio infantil, regressão essa provocada por uma incapacidade do adulto de ter as suas necessidades libidinais satisfeitas a contento. O neurótico se infantiliza, egocentricamente faz o mundo girar em torno da satisfação das suas necessidades libidinais, que podem ser transpostas para uma ideologia, crença ou pessoa. Nesse estágio, ao mesmo tempo em que o medo da perda o acossa, ele é invadido por um sentimento de poder, de grandiosidade, "de estar fazendo parte de algo maior, muito maior", e assim se sente como personagem de uma saga, de um épico, lutando contra os inimigos da sua fé, do seu time, do seu amor, da sua felicidade etc. etc.

Vocês estão lembrados de que a moça daquela historinha estava sozinha quando foi convidada para a roda de samba? Pois é, ela estava no "quarto escuro", o rapaz apareceu, acendeu a luz, estendeu-lhe a mão e resolveu o seu problema libidinal (sexo). Claro que, na realidade, nem ela estava no quarto escuro, nem ele acendeu a luz, nem muito menos lhe estendeu a mão (embora se admita que o sexo possa ter sido bom), mas é como se o tivesse feito. Mas, continuando a usar a simbologia de Freud, acredito que a sensação de estar num quarto escuro seja desencadeadora do processo neurótico-ansioso. Uma das fórmulas de clímax desse processo é culminar com a pessoa metendo o "pé na jaca" de um relacionamento com o inimigo. Aí, sim, começa o verdadeiro quarto escuro, onde a falta de visão, o isolamento e o distanciamento da realidade são a regra.

A questão da solidão já foi tratada por mim na obra anterior, *Solidão Nunca Mais,* mas é um tema inesgotável.

A percepção da solidão, ou o "quarto escuro", independe da realidade; na verdade, ela é mais forte e mais tocante que a realidade, pois, no fim, é a percepção do indivíduo que conta. Já falei da hipnose do cotidiano, ou do "transe cultural" enunciado por Jung, mas a descrição desse fenômeno por Erich Fromm é brilhante e bastante elucidativa com respeito ao que queremos mostrar. Dando como analogia a hipnose de fato, aquela que vemos nos programas de auditório, onde aos hipnotizados é dada uma cebola afirmando-lhes ser uma maçã, que comem com prazer sem nem mesmo fazer careta, Fromm fala de como somos hipnotizados pela cultura da sociedade.

Ele diz: "**O que prova a experiência hipnótica e sobretudo a pós-hipnótica? Prova que podemos ter pensamentos, sentimentos, desejos e até impressões sensoriais que sentimos subjetivamente como se fossem nossos e que, no entanto, embora os experimentemos, foram-nos inculcados por alguém de fora; são basicamente estranhos a nós e não são o que pensamos, sentimos etc.**"* Lamentavelmente o que a maioria expressa, briga e defende como sendo a sua opinião nada mais é do que um aglomerado de experiências sociais que são adotadas (ou se vêem forçadas a adotar) como se fossem frutos da sua própria experiência, elaboração e raciocínio. Fromm dá um exemplo interessante: numa ilha habitada por pescadores e veranistas, estamos preocupados com a previsão do tempo, pois pretendemos sair para

* Erich Fromm, *O Medo à Liberdade*. Zahar Editores, 11ª edição, 1978, p. 153.

pescar. Perguntamos a um pescador, morador antigo da ilha, sempre atento às condições do tempo, pois essa informação é fator crucial para o sucesso ou não do seu trabalho. Analisando o vento, as nuvens, a temperatura, e medindo tudo isso com a sua larga experiência, ele nos dá um prognóstico.

Quando vamos perguntar a dois veranistas da cidade, obtemos do primeiro um honesto e sonoro "não faço a menor idéia". Já o segundo reage de forma bem diferente. Como havia acabado de ouvir o noticiário do tempo, relata-nos as previsões como se fossem **dele**, ou seja, adota como **dele** as previsões do meteorologista da rádio, e para justificar **sua opinião** cita a direção dos ventos, a temperatura, as nuvens etc. Assim começamos a construir um acervo de idéias, de conhecimentos e de opiniões, que, na verdade, pouco ou nada tem a ver com a nossa experiência, com a nossa alma, mas que acaba, por falta de algo genuinamente nosso, tornando-se aquilo que pensamos e, por fim, aquilo que somos. O medo, em boa parte, é fruto disso, porque o nosso Eu profundo sabe que temos uma espécie de piloto automático a nos dirigir, que nem sempre age de conformidade com as nossas necessidades e interesses que, ao fim e ao cabo, deveriam convergir para tecer a trama da nossa felicidade.

Mas o perigo real acontece quando o *quarto escuro* não cabe dentro do indivíduo. Quando um casal se une, e um deles tem um *quarto escuro* dentro de si, é muito comum assistirmos a uma exportação do "escuro" para o outro. Como assim? Já que esses programas negativos são construídos sobre emoções marginais (cultural e socialmente), não resistem a um confronto com alguém que seja, ou que esteja, claro, luminoso. É o mesmo fenômeno que ocorre quando um viciado em drogas se relaciona com alguém "careta". A caretice do outro incomoda, é como um dedo acusador sempre apontado na sua direção, mostrando a sua fraqueza, desnudando-o, mostrando a fragilidade dos argumentos que defendem o seu vício. Qual a solução? Tentar envolver o careta no seu vício (sua escuridão) para fazer tudo ficar zero a zero e sumir com o dedo acusador. Isso acontece não só nos relacionamentos, como também em grupos (principalmente de jovens), onde os "escuros" não descansam enquanto não cooptam os caretas ou expulsa-os para bem longe, onde o seu dedo acusador não mais incomode.

Como toda droga, o "escuro" é um alimento poderoso, denso, pesado, que movimenta as turbinas das emoções mais materiais, como o ódio, o rancor, os desejos de vingança etc. Assim, o dono do quarto escuro, em geral, está em posição de força (embora seja existencial e espiritualmente mais fraco) para impor as suas trevas ao outro. O que costuma acontecer é que se junta aí a "fome com a vontade de comer". O parceiro "claro" assim o é, não por convicção, nem por ter conquistado essa *claritude* por meio de uma árdua batalha de consciência, mas, sim, por digamos... inércia. O das "trevas" é fraco por ter permitido a gênese e o desenvolvimento em seu interior de programas perniciosos que, em HIPÓTESE alguma, vão permitir que seja feliz; ao contrário, sempre estarão levando-o a destruições sistemáticas. E o da "claritude" assim o é porque não teve a oportunidade de conhecer as drogas pesadas das trevas. Fracos os dois, cada um à sua moda, as chances são a favor das trevas, do medo, da solidão, da ira, das mentiras e das falsificações.

É apenas questão de tempo o quarto escuro de um transformar-se em quarto (escuro) de casal. O que vamos ver a partir daí é o espetáculo da degradação dos dois. A vida vai rolando ladeira abaixo, numa queda só interrompida pelo choque com as pedras do caminho e com os gritos de dor e as imprecações do tipo:

"Oh, Deus, por que me abandonastes?!!?"

Seis

O Fascínio pelo Poder – Uma Aposta Arriscada

Desde o dia em que ela o conheceu, sua cabeça só se ocupou dele. Por toda a sua vida sonhara em ter junto de si um homem poderoso, um conquistador, aos pés do qual os simples mortais se curvam. Ele era mais do que isso. Era um "deus" travestido em forma de um muitíssimo bem-sucedido executivo, ao lado de quem qualquer um (mulheres ou homens) se sentiria honrado em estar. Não descansou enquanto não o conquistou. Para isso usou todas as suas armas, empenhou essa e outras tantas vidas em promessas aos santos de todas as religiões para alcançar seus objetivos. Fechou os olhos para aquilo que os invejosos diziam ser os defeitos dele. Desde quando "deuses" têm defeitos? Finalmente, depois de uma trama de fazer inveja aos mais imaginativos roteiristas de novelas, casou-se com ele. Seu fraco desempenho sexual não a assustou. Afinal, um homem que tem o destino de milhares de outros nas mãos deve ter mais com o que se preocupar. Seu deslumbramento durou pouco, até perceber que ele era apenas um homem mimado, vaidoso, prepotente, egoísta, vivendo uma espécie de transe, de enredo de uma peça de teatro, onde ninguém tinha coragem de avisá-lo quando as cortinas desciam e as luzes se apagavam. No começo ainda tinha ilusões de que estaria a salvo do massacre que ele fazia com as outras pessoas, manipulando-as e, depois, descartando-as sem nenhuma consideração. Mas naturalmente estava enganada. Bastou ele perceber que ela já havia compreendido para a brincadeira acabar. No divórcio ela foi esmagada como um inseto, parecia que o poderoso já havia preparado tudo mesmo antes de se casarem — o volume maior de seus rendimentos estava tão escondido que nem o FBI poderia encontrar; seus advogados, municiados com informações colhidas por ele com zelo ao longo do curto casamento, fizeram a festa. Se algum dia ela alimentara fantasias de que poderia partilhar do seu toque de Midas, caíra do cavalo. Ela saiu pior do que entrou, ainda por cima desmoralizada, humilhada e descartada igualzinha aos outros que tiveram a infelicidade de estar no caminho do "semideus".

Hoje, passados alguns anos, com a ficha caída, ela me disse: "Mas o que eu podia esperar de diferente?" É verdade. Como ela conseguira desdenhar a possibilidade de ser tratada da mesma forma que os outros, pisoteados e deixados agonizando pelo caminho enquanto o poderoso seguia em frente? Será que ela chegou a acreditar que o seu "amor" faria o milagre de amansar a máquina mortífera? Mas, que amor? Na verdade, na grande maioria dos casos não se trata disso, de amores e cia., o negócio pode ser mais bem descrito por uma "embriaguez" ou um "encantamento", daqueles do tipo Branca-de-Neve-mordeu-a-maçã-da-bruxa-má.

Certa vez ouvi os comentários de uma apresentadora de tevê sobre os namorados de uma célebre cantora brasileira, conhecida pelos parceiros belos e (bem mais) jovens, que ela (por sinal muito simpática, mas que não se pode dizer possuidora de uma beleza singular) atrai para sua vida: "O palco e as luzes exercem um fascínio nas pessoas da platéia, transformando o artista numa espécie de divindade, e para muitos um troféu fabuloso a ser conquistado." É mais ou menos isso, o poder, quero dizer, o poderoso ou a poderosa exerce um encantamento sobre certas pessoas. Mas ninguém pensa na hora de investir no poderoso ou na poderosa que suas armas potentes possam em algum momento se virar contra si próprio.

É muito comum as taradas por jogadores de futebol serem chutadas para fora de campo depois de algum tempo de jogo. As que agarraram lutadores caem fácil na lona com socos e pontapés bem dados; as que buscaram os artistas cercados de luzes e flashes amargam suas derrotas em bastidores mal iluminados, e assim por diante. Os poderosos não chegaram lá por acaso ou sendo bons meninos; eles e elas desenvolveram dentes e garras afiadas que estão sempre prontos para dilacerar quem quer que fique no seu caminho (e seja mais fraco que eles). Essa mania de querer um naco do poder dormindo na cama dele está sempre na área dos grandes riscos, acima de tudo pela total inconsciência que essa atitude encerra.

Como já disse, dificilmente há amor envolvido. Dificilmente há conhecimento do outro (do poderoso), pois o que fascina é a casca, o invólucro, o personagem que encena o papel de poderoso. Muitas vezes mulheres de poderosos e famosos, que resistiram ao seu lado sem serem defenestradas com pompa e circunstância, me contam, frustradas, o que é ir para a cama com um príncipe e acordar com um sapão. Pois a maioria dos poderosos, ao acordar, despidos de sua aura de semideuses, sem os objetos de poder tão habilmente arrumados a sua volta, são, em geral, patéticos. A maioria de nós se mostra em sua mediocridade, no cotidiano, para as pessoas comuns como eu e você (desculpe-me você aí, poderoso que está lendo, pois não previ essa possibilidade), não há muita distância entre os papéis que desenhamos para nós no palco da vida e o nosso eu, nu e sem maquiagem, tirando meleca sentado no vaso sanitário. Para os poderosos, os que pousam no mais alto ninho da montanha, essa diferença é monumental — quem pode conviver com seu cotidiano, em geral se frustra, cai do pedestal. Por isso, é muito incomum dar certo o casamento de fãs com seus ídolos — o que há para ser trocado num relacionamento desses? O que o fã tem para dar além da sua admiração, sua devoção ou seja lá qual o sentimento de devoto para deuses que ele já não tenha? Qual a moeda de troca do baixo para manter o relacionamento com o alto?

Relacionamentos assim podem dar certo quando o ídolo é bem mais velho e a fã é nova. A moeda de troca aí é a juventude dela ou dele. Ou quando a fã pode agregar algum valor à vida/carreira dele, ou ainda quando ela leva para a vida dele algum item faltante, um prestígio em certas áreas que não eram atingidas etc. Mas mesmo isso pode acabar, caso a munição dela ou dele se esgote ou apareça alguém com munição melhor e mais atualizada. O poder, mesmo que seja um poder ridículo e medíocre aos olhos de alguém, digamos, mais poderoso, exerce um encantamento que por si só representa um "assédio" às almas mais frágeis e simplórias. Hoje (início de 2004) temos uma legislação que prevê o assédio sexual, coisa impensável há uma década. Quem sabe um dia teremos reconhecida a figura do "assédio do poder"?

Uma das histórias mais marcantes que ouvi acerca do poder do Poder sobre almas frágeis foi a de uma jovem, advogada homossexual. Ela havia rompido com a sua namorada e estava arrependida, e o pior: a cada dia de ausência da outra percebia o tamanho do seu erro e do seu amor. Fracassadas todas as tentativas de reconciliação, partiu para as soluções mágicas. Foi procurar um "guru" famoso na época e tido como homem de grandes poderes e capaz de produzir fenômenos paranormais. Depois de contar a sua história ao paranormal, ouviu aliviada que a solução era simples e INFALÍVEL, mas que demandaria algum sacrifício da parte dela.

Disposta a tudo para ter a sua amada de volta, a jovem advogada ouviu-o explicar que para o trabalho precisaria apenas de **esperma** (e, ainda por cima, fresco, ou seja, recém-ejaculado) e de um pouco da saliva dela. Ao perceber a expressão de preocupação da sua cliente, provavelmente se perguntando *onde, raios, vou encontrar esperma fresco? Certamente na loja de conveniências não será*, ele disse: "Não se preocupe, minha jovem, eu posso ceder um pouco do meu." Um *silêncio*, esperando um *então*, se estabeleceu, até que ela disse: "Então está bem, é só isso, e o senhor cuida de tudo, não é?" Com a expressão séria de guru-paranormal-feiticeiro, ele disse: "Não é bem assim, minha filha, você precisa extrair esse esperma de mim." "Mas como?", ela deve ter perguntado do alto da sua ignorância, e um princípio de pânico de uma homossexual que há quase quinze anos não tocava o corpo de um homem deu-lhe um frêmito pelo corpo. "Com a boca", explicou, grave, como um médico inglês ao dar o diagnóstico fatal.

Rendida aos poderes dele e acuada pela situação, ela “extraiu” o sêmen mágico na sua boca. O trabalho foi feito. A sua namorada? Nunca mais voltou para ela.

Essa jovem advogada me contou sua história, superando a vergonha e a humilhação de ter-se rendido ao “poder” do falso guru e à pressão interna para recuperar seu grande amor, ou seja, encurralada por dois “poderes”, ela se deixou atropelar e rastejou num pó ao qual nunca imaginou que desceria. Em resumo, é isso que acontece quando tentamos pegar uma carona no “poder” ou na canga dos poderosos, que em geral nem poderosos de verdade são. Ter como perspectiva de vida o atrelamento ao poder evoca imediatamente o arquétipo do *príncipe encantado*. Por que não existe o arquétipo do faxineiro encantado? Ou do mecânico encantado? Ou do professor encantado? Porque é o poder que encanta. É a cultura da ascensão social, do resgate da vala comum dos simples mortais, pelas mãos de algum poderoso que fascina desde a mais remota antigüidade.

As mulheres, e agora os homens (pois as mulheres também estão se tornando poderosas), se rendem e reverenciam o poder. Muitas sonham em ser alçadas ao topo, por uma história da Gata Borralheira, viver na mordomia, ser bajuladas e receber as benesses que imaginam ter os que habitam no Olimpo, mesmo que esse Olimpo seja a boca-de-fumo do Morro do Buraco Quente. Nos cálculos das gatas borralheiras, estão fora as considerações de como o seu “príncipe” chegou ao poder (em geral chutando traseiros e atropelando quem quer que se tenha colocado na sua frente); só pensam nas delícias do poder e da distância segura do inferno requentado dos comuns. Vocês já devem ter ouvido histórias de moças da classe média que se apaixonam por bandidos, traficantes etc., ou de alunas que se apaixonam por professores bem mais velhos, ou de secretárias que se rendem ao charme e ao poder dos chefes. Algumas dessas histórias, sem dúvida, dão certo, principalmente quando o poderoso ou a poderosa tem mais estofo em seu Ser do que apenas o poder, ou seja, **é gente**. E a aspirante ou o aspirante tem mais estofo em seu Ser do que simplesmente almejar o oxigênio super-refinado das alturas. Não sou tão cético assim. Acredito que o amor verdadeiro possa transmigrar entre classes sociais ou entre os com e os sem, mas existem infinitamente mais falsos poderosos e, portanto, perigosos do que aqueles cuja vocação nata para o poder os torna generosos e humanos. O relacionamento dá errado quando alguém se deixa iludir pelos falsos sinais de poder de um falso poderoso, que investe obviamente muito da sua energia em fazer alarde de um brilho que não tem. Aí a incauta ou o incauto se apaixona por esses sinais enganosos, por esses falsos brilhantes, pois nada existe de real por trás do cenário — só desolação.

Sete

Um Baú Cheio de "Ouro"

Quem não ouviu falar do "golpe do baú"? Pois é, esse título sempre foi dado a mulheres ou homens que se casavam com seus respectivos pares apenas por interesse financeiro; em outras palavras: com a finalidade de se arrumar na vida. Na maioria dos casos havia uma espécie de acordo tácito, uma troca sutil, onde a parte que tinha o dinheiro sabia que estava, de certa forma, comprando a outra — poucos ou poucas casavam-se totalmente iludidos. Muitos desses casamentos eram até duradouros, e o que geralmente acontecia no final era uma redistribuição ou democratização do dinheiro, mas entre mortos e feridos ambos se salvavam. O que está acontecendo nos dias atuais é uma versão muito mais perniciosa dessa prática, que caminha paralela à desvalorização do casamento, à banalização dos sentimentos e do crescimento dos contingentes de solitários e solitárias. Mas esse golpe específico do qual mais adiante vamos falar atinge não só as mulheres de forma muito mais impactante, pelas próprias características dos personagens envolvidos, como também os homens de uma outra maneira, digamos, fatal. Nos EUA, em alguns Estados, já existem departamentos especializados em prevenir crimes contra o cônjuge, onde principalmente a mulher contrata "matadores" para eliminar o marido por causa do seguro de vida. Para exemplificar, vamos contar dois casos.

Valéria era psicóloga, 36 anos, solteira, perdeu os pais com quem morava recentemente e ficou com uma pequena herança em dinheiro e uma boa casa, além da que morava. Seus planos eram os de alugar a casa maior e viver desses recursos, uma vez que seu emprego não lhe permitia grandes vôos. Tentando alugar a casa, conheceu Fernando, médico, 45 anos, cultivando uma barriga medianamente alentada, mas sempre elegante e com estilo. Desde o primeiro momento, Fernando se interessou por Valéria e foi recíproco. Ele era muito paciente com ela e estava sempre disposto a ouvi-la, coisa que ninguém até hoje tinha feito. Em poucos dias Valéria estava completamente apaixonada, a casa não foi alugada, até porque Fernando aconselhou-a a não fazê-lo, pedindo para que esperasse um pouco que iria apresentar um excelente negócio para o futuro dela.

Em muito pouco tempo, Valéria pensou ter alcançado uma graça de Santo Expedito e que tinha valido a pena tanto tempo de solidão para encontrar um homem tão maravilhoso como aquele. Um dia, ele não apareceu para "bater ponto" como vinha fazendo nos últimos dois meses. No dia seguinte ela não agüentou e ligou para o seu celular. Fernando atendeu com uma voz cavernosa, como se fosse uma alma do outro mundo, se é que ela tem voz. Em resumo, ele não iria mais vê-la porque estava muito "envergonhado", havia perdido muito dinheiro num negócio, e estava enredado em dívidas que até ameaçavam a sua vida. Ele, apesar do GRANDE AMOR que sentia por ela e de ter ABSOLUTA

CERTEZA de que era ela, sim, a mulher da sua vida, não a veria mais para preservá-la daquele fardo e daqueles perigos. Coincidentemente, a quantia de que ele precisava como "água para o sedento no deserto" era equivalente ao valor da casa dela, caso fosse vendida na "bacia das almas" ou, para quem não conhece essa expressão, por uma ninharia. Valéria levou alguns segundos para se decidir: afinal, o que era uma casa comparada à felicidade que aquele homem lhe proporcionava e que ainda poderia vir a lhe proporcionar? Imediatamente entrou em contato com um corretor, e em uma semana a casa estava vendida e o dinheiro nas mãos de Fernando, que relutou MUITO em aceitar.

Contando do jeito que fiz, induzindo vocês a uma conclusão, todos já devem estar pensando quantos dias ele levou para escafeder-se da vida dela. Pois eu respondo: dois dias! O dinheiro foi comemorado com uma noite memorável num motel. No dia seguinte ela recebeu flores e um aviso de que ele teria de fazer uma *breve* viagem de negócios "para resolver **aqueles** assuntos". E nunca mais. Levou um tempo doloroso para Valéria aceitar o fato de que havia caído num golpe do baú relâmpago e juntar-se às outras vítimas do canalha, em busca de justiça. É claro que, se numa remotíssima eventualidade ela conseguisse reaver o seu dinheiro, ele nunca iria poder ressarcir-lhe os sonhos, planos e emoções despertadas e frustradas de forma tão vil. Com suas buscas, descobriu que Fernando não era médico e que nem mesmo se chamava Fernando. Para outras incautas ele já havia sido oficial da Marinha, juiz de Direito, um grande empresário (falido) e se chamara Eduardo Jorge, Dr. Pimentel, além de outros nomes e títulos. Delegados e delegadas de polícia me informam que casos como esse proliferam nas delegacias, mas sabem, por experiência, que os que vêm a público são apenas a ponta visível de um imenso *iceberg*.

O outro caso vi pela tevê, num programa norte-americano de vídeos policiais. Uma mulher e seu filho contrataram um ex-presidiário para matar o marido e o pai, respectivamente. Como o ex-presidiário havia decidido andar na linha foi procurar a polícia. Eles o orientaram a gravar tudo com uma câmera escondida e ainda foram procurar o marido para contar-lhe a trama macabra. Passado o momento de estupor, o marido concordou em encenar uma farsa. Os policiais o fotografaram estirado no chão, cheio de *ketchup*, numa cena muito convincente. Levaram a mulher até o "local do crime" e filmaram a reação dela. Diante das câmeras escondidas a mulher teve um ataque histérico, descabelou-se e tentou se jogar sobre o corpo do falso defunto, no que foi logo impedida. No dia seguinte, a pedido da polícia, ela foi à delegacia para "prestar alguns esclarecimentos de rotina nesses casos". Os policiais lhe disseram que havia uma suspeita de que ela encomendara o crime. Novamente a mulher se descabelou, disse que isso era um total absurdo, que eles (o casal) se amavam e que, se houvesse diferenças, conversariam como sempre etc., etc. Então veio o penúltimo ato — a entrada do marido "morto". Ela não se fez de rogada e pulou de alegria, gritou de "felicidade". O último ato foi a entrada do "assassino" contratado. A *esperta* cumpre sentença de 15 anos, pois lá a intenção de matar é quase equivalente ao ato em si.

Como vimos, o uso sentimental das pessoas com finalidades de ganho financeiro muitas vezes aproxima dois personagens de uma relação arquetípica muito conhecida chamada "o algoz e sua vítima".

Tanto as mulheres quanto os homens são atropelados com freqüência por esse *script*, que, apesar das aparências, não é uma prerrogativa das classes mais altas, todos podem dar algo, ou, visto de um outro ângulo, sempre há o que tirar de alguém apaixonado. É claro que as histórias de Cinderela e *Cinderelo* existem com o seu tradicional final feliz, mas esse golpe do baú moderno seria uma espécie de lado sombrio das histórias de Cinderela com final infeliz.

Agora a pergunta que vem atazanar é: por que pessoas aparentemente inteligentes, que não se deixam enganar pela conta do restaurante "turbinada", nem pelas manobras espertas dos políticos, são arrastadas em aventuras macabras de onde saem (quando saem) rastejando e bem mais pobres? E mais: o que se pode dizer, como educação preventiva, às mulheres e homens que semana que vem irão trombar com monstros dessa natureza? A primeira resposta é relativamente fácil. Já discutimos isso no livro *Solidão Nunca Mais*, quando falamos da falta de educação sentimental, mas vamos novamente colocar aqui as cartas na mesa. No Oriente, as relações sentimentais são motivadas muito mais por razões extra-sentimentais, como conveniências dos clãs, compromissos entre famílias, interesses pecuniários, preservação de tradições, religião etc. Para boa parte das pessoas, no Oriente e na África, o amor como concebemos no Ocidente não está no topo da lista das razões que levam as pessoas a se unirem. Em muitos países, os sobressaltos amorosos e a ansiedade em relação ao próprio futuro sentimental simplesmente não existem. As meninas e meninos já sabem desde pequenos com quem e quando vão se casar, e este é, em grande parte, um destino inexorável traçado não por Deus ou pelo Destino, mas por suas famílias. Quando se pergunta a uma indiana, a uma congolesa ou a uma chinesa se ela ama o seu marido, certamente vai estranhar a pergunta e talvez responda: "Eu respeito muito o meu marido." No Ocidente, embora tenha havido em algumas classes esse tipo de costume, ele não resistiu. Aqui cultivamos a liberdade de escolha, deixamos que as pessoas "sigam o seu coração" e façam aquilo que "ele" ditar. Na esteira desse conceito criamos uma cultura das fantasias amorosas, do predomínio do "coração" (seja lá o que isso queira dizer).

Da mesma forma que uma pessoa que tem a sua vida sentimental dirigida pelos pais ou pela religião não amadurece, nós, que nos embebedamos do caldo cultural das fábulas de príncipes charmosos, de sapatinhos de cristal e suspiros na sacada com a lua cheia sobre a cabeça e o galã da "novela das 8" embaixo, também não amadurecemos. A diferença é que, no Oriente, as tradições e os valores morais rígidos ainda protegem as pessoas infantilizadas de serem vítimas de sua ingenuidade. A sociedade oriental pelo menos criou uma rede de proteção às mulheres (principalmente) e aos homens, que ela mesma impediu de crescer com seus mecanismos ultraprotetores e cerceadores de liberdade.

Certa vez assisti a uma reportagem de um tribunal de "pequenas causas" no Irã. Um clérigo semi-alfabetizado, com um **Corão** ao lado, recebia as pessoas para julgamentos sumários. Muitas mulheres apareciam para reclamar dos maus-tratos do marido ou que o marido era muito sovina e não as alimentava de forma adequada. Ouvia tudo e as testemunhas, quando houvesse, e com a ajuda de dois ou três policiais armados de varas finas aplicava a sentença ali mesmo ou apenas dava uma dura (teatral) no culpado ou na culpada. Para a maioria daqueles que levavam as vergastadas nas costas, a lição era duradoura. No Ocidente batemos no peito, orgulhosos por termos superado há muito esses costumes "atrasados", e achamos que adquirimos a liberdade, o livre-arbítrio como muitos se ufanam em proclamar. Nada mais longe da verdade, apenas substituímos o patrão. Acredito que haja uma "conspiração" cultural para infantilizar as pessoas, principalmente as mulheres. É claro que essa conspiração não foi arquitetada de forma deliberada por pessoas ou instituições, pois seria demais acreditar nisso. Mas tanto a religião quanto as elites conservadoras, bem como a própria cultura de massas (*mass midia*), são responsáveis por manter essa cultura do subdesenvolvimento sentimental e emocional. A quem interessa que a mocinha do escritório, sonhadora e ingênua, que no passado era leitora de fotonovelas encharcadas de tramas sentimentalóides e hoje assiste às telenovelas do mesmo gênero, se enamore do patrão casado na esperança de um final feliz? A quem interessa que a mulher suporte os maus-tratos e as humilhações do marido, mas lhe dê sempre uma outra chance quando, chorando, ele se diz arrependido e pronuncia as palavras mágicas: "Eu fiz tudo isso porque te amo!"

Ah, o amor é lindo, como dizem os meus amigos ironizando diante de uma relação improvável. Mas esse tipo de amor nada tem de lindo, ele é apenas uma reação químico-emocional gestada pela nossa embriaguez cultural por um determinado modelo de educação sentimental. Alguns pensadores de ontem e de hoje afirmam que a sensação de amor é o mais significativo motivador do indivíduo. Buscamos o sucesso profissional porque desejamos ser amados (pelo sucesso), buscamos o poder político porque desejamos ser amados (pelo poder), e assim por diante. Entenda-se por amor um *mix* de admiração, sujeição e sexo. Como já examinamos, muitas pessoas buscam o poder, pois sabem de *saber sabido* ou por instinto que o poder é magnético. Esse poder vale ouro, e ouro a gente guardava no baú. Daí que o "golpe do baú" é um jogo sujo, mas que infelizmente tem regras que ambos os jogadores conhecem muito bem. Quem busca um lugar ao sol, associando-se ao poder, seja financeiro ou político, ou ao poder inebriante das celebridades do mundo do *Show Biz*, embarca numa viagem perigosa. Mas, em sua grande maioria, esses poderosos, consciente ou inconscientemente, buscaram o poder como forma de sedução e podem esperar exatamente isso do mundo — que o seu dinheiro-fama-poder e **não eles** seduzam e atraiam para si o "amor", o que também é FRUSTRANTE.

Oito

Um Palco de Maus Atores

Acredito que a grande crise da civilização moderna é a perda do **Eu Verdadeiro**. Criamos uma sociedade onde a regra é a atuação dos personagens. Ora, personagens atuam de acordo com um *script*, que alguém escreveu para eles. Mas, diferentemente do teatro, onde, ao baixarem as cortinas, abandonam-se as máscaras e se volta à vida real, na vida real a máscara se cola à face. Sou constantemente repreendido por pessoas próximas e até por um ou outro mais desabusado sobre o meu comportamento "exageradamente espontâneo". Minha mulher (e agora até minhas filhas que cresceram) vive dizendo que "você fala o que pensa, e isso é péssimo". Nas minhas entrevistas no rádio e na TV, algumas pessoas ficam chocadas, outras me acham folclórico, porque digo o que penso ou, melhor, digo o que as pessoas precisam ouvir e não o que querem ouvir, com uma sinceridade escrachada.

Certa vez, num programa na extinta Rede Manchete, sendo entrevistado pelo falecido psicanalista Eduardo Mascarenhas (quanta coisa já foi extinta desde então), fiz um discurso encarando a câmera, em que pedia aos telespectadores para não acreditarem no que lhes era dito apenas porque quem dizia estava na tevê. E arrematei: "Não acreditem em mim, pelo amor de Deus, só porque estou na tevê! Procurem checar as informações, consultem seus corações e mentes, ouçam tudo de forma crítica, sejam exigentes, não deixem que façam os seus ouvidos de penico!" Foi um choque geral. Mas, como o programa era *ao vivo*, passou. Nos bastidores, uma surpresa: enquanto a maioria balançava a cabeça negativamente à minha passagem, Eduardo Mascarenhas veio me cumprimentar e me parabenizar, dizendo que em todos os seus anos de televisão nunca havia ouvido nada tão tocante e apropriado. Para mim, nada demais, é apenas a minha maneira de lutar para não enlouquecer diante de tanta encenação, de tanta mentira, de tanto deboche. Nego-me terminantemente a estar na vida como quem encena uma peça sem fim. Mas reconheço que essa é uma tarefa colossal. As pessoas comentam: "Você poderia estar rico se fosse mais flexível..." Na verdade, o uso do termo é inadequado, pois flexível eu sou, caso contrário estaria num hospício ou preso, e a palavra que se pretendia era "ator". No meu caso, mau ator.

Recentemente uma leitora de meus textos me criticou, dizendo que meus discursos são muito inflamados e que *isso não é bom*. Eu respondi, pedindo que me dissesse onde ou quem havia escrito isso. Disse-lhe que, na verdade, os meus discursos *inflamados* eram a expressão de um ser **entusiasmado**, palavra de raiz grega cujo significado é mais ou menos **movido por Deus**. Ao me recusar a fazer os papéis que alguém "escreveu" para mim, fico mais crítico a respeito dos papéis das pessoas à minha volta, a maioria atrizes e atores canastrões, perdidos num palco mambembe, perdidos em vida e depois na morte.

Por falar em atores e atrizes, ouvi a entrevista de uma jovem atriz que pela primeira vez fez um papel de vilã numa novela de grande sucesso. Ao ser perguntada do porquê de os atores costumarem receber papéis de vilões como presente, respondeu: "Talvez seja porque o vilão tem mais espaço de manobra e pode dizer sem medo (justamente porque é vilão e dele se esperam vilanias) aquilo que não é politicamente correto e que às vezes gostaríamos de dizer e não podemos."

Quando peço aos meus clientes para se despirem dos papéis que encenam sucessivamente ou para tentar ver o outro sem a fantasia de seu próprio papel, sei que estou pedindo o céu. Mas menos que isso é o inferno. O inferno do logro, da frustração, da decepção, da sensação de se sentir encurralado num beco sem saída.

Lembro-me de uma grande amiga que ainda casada apaixonou-se por um guru, um "grande mestre espiritual" que se comunicava, almoçava e jantava com os espíritos dos mestres ascensionados do astral superior. Ele mesmo era um ser superior. Segundo ele, havia transcendido o sexo, não comia carne, não bebia, não fumava e vivia cercado de espíritos de LUZ. Um dia, o filho dela inadvertidamente abriu a inseparável "capanga" (bolsinha masculina de mão, muito em moda nos anos 70) e tirou de lá um maço de cigarros. Dias depois foi flagrado devorando vorazmente um hambúrguer num *fast-food* nada espiritual, e em seguida começaram aparecer os escândalos de mulheres seduzidas e expropriadas de alguns de seus bens, estupidamente materiais, pelo guru acima do bem e do mal. Essa minha amiga entrou em parafuso, mas, enfeitiçada, deixou-se ainda arrastar por algum tempo. O próprio guru, ao ver o seu disfarce caído por terra, escancarou, mostrou a sua verdadeira face medonha, e fez da vida da minha amiga uma sucursal do inferno. Seu casamento acabou, e, tempos depois, no limite do desespero, conseguiu se safar, mas apenas porque o guru encontrou uma vítima mais atraente e com sangue novo para ser sugado. Ela entrou na farsa que ele havia montado consciente de que tudo era papel crepom e fumaça de gelo seco, cenário e fantasia mágica para enganar os incautos.

Entrar num *script* de alguém que está encenando um papel sem saber é terrível, mas entrar num *script* de alguém que está encenando um papel e sabe é muito pior.

Nove

Os Enrustidos

A maioria dos inimigos, na verdade, não é tão ruim assim, pois num gesto de generosidade (estou ironizando) vão entregando de bandeja as dicas sobre seu verdadeiro caráter. "Só não vê quem não quer, minha filha", falava a minha avó, aconselhando as moças iludidas com determinado tipo de homem e vice-versa. Mas devo admitir que existem tipos terríveis, monstros pantagruélicos, que se escondem tão bem sob a pele de cordeiro que, às vezes, eles próprios acreditam que são cordeiros (por algum tempo, é claro). Flagrar essas criaturas, mestras dos disfarces, é muito difícil, principalmente porque escolhem as suas vítimas justamente pelo grau de sua (delas) miopia. Para mim é um deleite assistir, nas novelas da tevê, personagens que se travestem de bonzinhos para se aproximarem de suas futuras vítimas. Nós, que estamos do lado de cá da telinha, ficamos revoltados "como a Poliana (a heroína) não percebe que a Magnólia (a vilã) está fingindo, que é tudo encenação, que ela é ruim como o cão". Meu pai, sem muita paciência depois de milhares de novelas, decreta, desenxabido: "Isso só acontece em novela" ou, para variar, "Isso é coisa de novela". Sorrio para não criar quizumba no meio da novela, mas sorrio principalmente porque sei que ela apenas copia a vida real, às vezes exagerando um pouco, mas na maioria das vezes nem chega perto da vida como ela é.

"Mariângela estava no segundo ano de odontologia, quando conheceu Nilmário, um estudante do quarto ano de medicina. Mariângela sempre foi zen, humanista de carteirinha, paladina *soft* das causas dos mais fracos e profundamente 'espiritualizada'. Isso os aproximou, pois Nilmário era também do tipo alternativo, tanto que pretendia mais tarde, depois de se formar, fazer homeopatia, o que nos idos primitivos dos anos 60 ainda era uma *quase* contravenção.

Casaram-se e começaram uma vida juntos, como marido e mulher, e como sócios no trabalho e nos ideais. Eram vegetarianos, lutavam pelas causas perdidas das baleias e golfinhos que iam parar nas latas de atum, e usavam seus talentos como voluntários socorrendo os soropositivos e afins. Tiveram filhos que foram crescendo num ambiente harmonioso e de alto astral. Todos os amigos os admiravam e diziam que eram almas gêmeas, feitos um para o outro desde muitas e muitas vidas atrás. Mas, quando os conheci, notei que algo estava errado ali; havia alguma coisa esquisita naquele relacionamento. Pequenas farpas, sutilezas de olhares, palavras soltas como espinhos jogados de um avião, frases interrompidas, olhares que fitavam o chão diante de alguma situação (que não devia ser) embaraçosa. Aos poucos ela foi se abrindo e confessando seus desagrados, com os comportamentos dele. "De uns tempos para cá, uma outra pessoa emergiu dele", disse-me, cheia de delicadezas. Que tipo de outra pessoa? "Alguém mais rude, mais ansioso em ganhar dinheiro, insatisfeito com a nossa opção." Mesmo em suas acusações ela era muito gentil, mas percebiam-se o espanto e a dificuldade em lidar com essa outra *persona* que emergia de dentro do seu marido paladino igual a ela. Um dia pronunciei a palavra *separação*. Ela ficou pálida, pensei que fosse desmaiar, mas sorriu. "Não é caso para extremos, nada que o diálogo e a vontade divina não possam resolver." A separação veio finalmente, ruidosa, desestruturante como uma retroescavadeira sabe ser. Mas a separação destampou de vez o vulcão do *ex*. Por causa de assuntos financeiros (na verdade, esse é apenas o pretexto) e outras pendengas, ele a ofende, agride e, segundo ela, grita palavrões que ela não ouvia há trinta anos e que nunca foram ditos em sua casa. O cordeiro da paz havia se transformado num lobo feroz, carniceiro, impiedoso. Nem a delicadeza da sua ex-mulher, que parecia sem fim, o detinha em sua fúria. De onde vinham tanta mágoa, tanto rancor, tanto furor? Onde se escondeu esse lobo sanguinolento durante todo o tempo em que foram "almas gêmeas" vivendo uma parceria invejável?

Um outro caso interessante me foi relatado por uma cliente, cuja história contei no livro *O Poder da Vingança*. Ela cresceu traumatizada pela convivência com um pai alcoólatra e as conseqüências desestruturadoras desse fato. Assim que teve consciência do problema, colocou na sua cabeça que o pré-requisito nº 1 para colocar um homem na sua vida seria o de que ele abominasse a bebida. Acabou casando-se, depois de muito escolher, com um sujeito pacato, oriundo de família evangélica, e, como ela mesma dizia, "honesto, trabalhador e sem vícios". Com um trauma daquele tamanho a lhe orientar os passos da mente e do coração, o amor era um quesito menor na avaliação dos predicados do parceiro. Para ela, uma vida tranqüila e sem sobressaltos era a meta: o resto... bem, o resto era o resto. Num determinado momento dessa vida planejada, o seu marido, que não havia conhecido o sogro, pois este já havia falecido na época do casamento, começou a mostrar pequenos sinais inquietantes; inquietantes porque lembravam um filme que ela já havia visto e absolutamente não gostara. O maridão pacato, sem vícios, religioso, começou a ter atitudes mais ríspidas com ela, alteando o tom de voz numa discussão, chegando tarde em casa, dando demonstrações de "falta de educação", sendo excessivamente duro com os filhos pequenos e cobrando melhorias na quase fria vida sexual com mais intensidade. Mas o primeiro sinal de alerta vermelho foi um dia em que ele chegou com cheiro de bebida em casa. Aquele cheiro! Ela podia sentir a quilômetros, pois estava registrado na sua memória, associado ao que de pior uma criança e depois uma jovem podiam imaginar. Nesse dia ele tentou violentá-la.

Ela ainda se esforçou em se impor, colocando-o contra a parede, mas, depois de passado o transe, ele voltou a ser o pacato de sempre, e chorou, pediu perdão, disse que ia procurar o pastor na igreja etc. Mas, poucas semanas depois, "a coisa" se repetiu, se repetiu e se repetiu.

Esse era um inimigo oculto, daqueles que são impossíveis de detectar. Isso acontece, ninguém tem o poder de NUNCA ser iludido em situações de triagem. Na maioria dos casos, o inimigo dá sinais mais ou menos claros de sua verdadeira natureza, mas nem sempre. Psicólogos forenses são enganados por criminosos que passam em todos os testes de recuperação e que saem com o aval dos especialistas apenas para cometer mais crimes, zombando da ciência, que pretendia radiografar-lhes a alma. É muito comum também o caso de moças que, no intuito de se casarem com determinado homem, simulam uma personalidade apenas teatral. Muitas fazem isso instintivamente, capturando ao longo do relacionamento (ou já sabendo de antemão) informações sobre os gostos e preferências da "vítima". Se os futuros maridos tivessem câmeras ocultas acompanhando suas namoradas, iriam vê-las confidenciar para as amigas: "Deixa estar, assim que a gente casar começo a cortar-lhe as asinhas."

Eu mesmo tenho no meu currículo uma história que me traumatizou e ao mesmo tempo me iniciou no mundo das sombras, onde nada é o que parece ser. Conheci a minha primeira namorada séria, com quem cheguei a pensar em casar, aos 17 anos. Ela era virgem, dizia que havia me esperado e que seria comigo a sua estréia na sexualidade. Todo cheio de valores "morais", ainda adiei esse momento até que ela estivesse certa do que iria fazer. Não podemos esquecer que isso aconteceu em 1967, ano em que os tempos eram definitivamente outros. Mas, de repente, me vi numa situação no mínimo esdrúxula: eu, que a desejava intensamente, tendo que controlar os dois! Então, um dia, de forma planejada, aconteceu e foi muito bom.

A partir daí tivemos uma vida sexual maravilhosa e ela se mostrou uma parceira incrível. Apesar de ter um pouco mais de idade do que eu, era inexperiente, tinha uma curiosidade insaciável e demonstrava adorar nossos encontros, fazendo grandes sacrifícios (driblar a marcação cerrada dos pais e do irmão) para estarmos juntos. Um dia, a fatalidade se abateu sobre nós. Fui preso por envolver-me com o movimento estudantil e revolucionário na luta contra a ditadura militar. Fiquei pouco mais de um mês, e quando voltei tive várias surpresas. Porém, a mais importante foi o fato de ela confidenciar a uma amiga comum que eu a obrigava a fazer "coisas" que a ultrajavam e que estava muito arrependida de ter-se submetido aos meus "caprichos" sexuais, que havia sido coagida etc. etc. Se não fosse a repressão que se abateu sobre todos nós, na época em que lutávamos (meio desengonçadamente, admito) contra o regime, eu certamente teria me casado com ela, e teria casado com uma inimiga. É claro que fica a indagação — ela mentia quando estava comigo na cama ou mentiu diante da amiga para livrar a cara e recuperar a imagem de "boa moça" (conceitos da década de 60)?

Esses inimigos ocultos que se travestem para obter algum resultado são, antes de qualquer coisa, burros, pois atiram no próprio pé, imaginam que vai acontecer o impossível, que o seu disfarce vai durar para sempre ou que quem "comprou" aceitará, sem reclamar, ficar com gato mesmo sabendo ter comprado uma lebre.

Dez

A Dor da "Traição"

Uma amiga recém-separada, ainda traumatizada com as circunstâncias do rompimento, sabedora de que eu escrevia um livro em que a sua história poderia se situar, agarrou o meu braço e, olhando-me fixamente nos olhos, disse-me: "Não deixe de falar da DOR! Da dor indescritível que se sente diante de uma traição inimaginável. A dor, a dor...", e ela ficou repetindo "a dor, a dor", como se estivesse mesmo sentindo a mesma dor que sentira quando descobriu tudo. Eu "entendo" bem o desespero dela, embora somente o próprio indivíduo possa saber a dimensão da sua dor. Mas a traição como vai ser tratada aqui tem um leque de cores mais amplo. Não vou falar apenas da traição tradicional, em que um dos parceiros é flagrado com outro alguém, como dizem as letras dos pagodes de baixo nível. Vamos enxergar a traição de uma maneira mais ampla e provocar a sua reflexão. Vamos vê-la como uma quebra de "contratos" não assinados, mas impingidos, por diversos meios, a nós, pelo outro. Vamos ver a traição como propaganda enganosa, tipo o comércio dos antigos elixires para fazerem nascer cabelo. Nesse sentido, a traição na vida sentimental não é muito diferente da traição que fazemos conosco mesmos, quando nos propomos a iniciar um regime e o sabotamos diante de um bolo de chocolate. Quando falamos em traição, a cena do nosso amor aos beijos e amassos com outra pessoa é a primeira e quase sempre a única coisa que nos vem à mente. Mas, e quando o outro sai de dentro do um, como os antigos coelhos saem das cartolas dos mágicos? Melhor dizendo: e quando, de repente, descobrimos que a pessoa que aceitamos na nossa vida não é bem aquela que mudou surpreendentemente? E mudou para pior! Todos nós fazemos pequenos ou grandes ajustes na nossa personalidade quando desejamos conquistar algo, desde um emprego até alguém para transar ou para casar. Modulamos a voz, colocamos intensidade no olhar, usamos calcinha preta (ou vermelha) ou cueca de seda, escondemos com base líquida aquelas espinhas que nos constrangem e, na maioria das vezes, escondemos as manchas sombrias do nosso caráter ou tentamos disfarçar bem.

Muitas mulheres acima do peso só se despem no escurinho do quarto e abusam das manobras diversionistas para que o parceiro desvie a atenção de seus pneuzinhos, celulites e coisas do gênero. Homens pouco dotados (segundo acreditam) também se esforçam ao máximo para retocar esse pequeno detalhe e até conseguem por algum tempo. O mesmo acontece, muitas vezes de forma até inconsciente, com o passado e as "outras" vidas do indivíduo. Frases como "O meu passado não interessa, o que importa é o nosso presente e o nosso futuro" podem até soar poeticamente românticas, mas são parte de um esquema de ocultação de "cadáveres", baseados na premissa legal de que "sem corpo não há crime". Diferentemente da criminologia, durante toda a nossa vida carregamos nossos "cadáveres", e a única maneira de nos livrarmos deles é expondo-os no nosso museu a céu aberto, como as múmias egípcias do museu do Cairo. Mas, e o medo? E o medo de perdermos o nosso amor, por causa desses "cadáveres" do passado, das bandalhas que fizemos na juventude, dos golpes que aplicamos numa fase difícil da vida, da *ex* que fez um boletim de ocorrência na polícia por espancamento...? E o medo que ela descubra a cueca furada, os pneuzinhos, os ciúmes "doentios", a nossa insegurança infantil...? E o medo de ele saber que tomamos remédio de tarja preta e temos um pai alcoólatra e uma mãe deprimida? Motivos, motivos, motivos. Alguns até nobres, justificáveis, outros mesquinhos, perversos até, mas... Como sempre existe um "mas" no meio do caminho, como nas novelas, sempre aparece um "cadáver" do passado justo na hora que a mocinha e o mocinho vão se casar ou estão na maior felicidade.

Os autores sabem que, embora gostem do *happy end*, os telespectadores também gostam que os personagens "sangrem" um pouco para pagar adiantado a sua felicidade final, pois, se sangramos, por que não "eles", construídos à nossa imagem e semelhança? Não se esconde nada impunemente, nem "cadáveres" do passado, nem pneuzinhos salientes, nem pênis pequeno, nem gravidez. Nossos outros eus e nossas extensões fatalmente vão aparecer e, tal como depois de um regime altamente restritivo, vão aparecer famintos, vorazes, jogando cocô nos ventiladores das nossas relações. Nesse momento se dá a traição. Dificilmente essa "traição" dos pactos não-escritos é repentina. Em geral vai-se descortinando aos poucos, como quem entra no camarim do artista e o surpreende no ato de se maquiar ou, ao contrário, após o espetáculo, quando está tirando a maquiagem e a fantasia.

Uma das frases de acusação mais comuns nos conflitos dos casais que se flagram sem maquiagem é: "Você mudou!",

"Não senhora, você é quem mudou, eu sou o mesmo que você conheceu", "Você está distorcendo as coisas, pois quando me conheceu sabia exatamente quem eu era. Eu não mudei, quem mudou foi você", e assim por diante. Normalmente essa surpresa é real, não porque o outro se tenha transformado em lobisomem, mas porque acaba finalmente deixando sair suas outras extensões que até então ocultara. Mas, a não ser em casos extremos e raros, mesmo ocultando essas extensões e "cadáveres", o agente secreto de si mesmo contou com a colaboração cúmplice de seu parceiro ou parceira. A necessidade de embarcar naquele "conto do vigário", de engolir as dicas suspeitosas que o outro cansou de dar (talvez até na tentativa secreta de se revelar e acabar com o peso da farsa), faz de nós parceiros no crime alheio, da mesma forma que aquele que é "enganado" no golpe do bilhete premiado é culpado, pois quis levar vantagem em cima do "pobre e ignorante caipira".

Como já foi dito, as mudanças ao longo da vida são naturais. As pessoas têm o direito de evoluir e até de *in*voluir, mas as mudanças que soam como traição, em sua maioria, são aquelas que já estavam ocultas e apenas foram desveladas.

Um ciúme doentio não aparece da noite para o dia, infernizando a vida do outro; ele já existia, apenas estava coberto com o "glacê" teatral necessário para não assustar a "presa" até a conquista ser sacramentada. Da mesma forma que a agressividade, que leva à violência doméstica, à perversidade, à própria malignidade que pode desaguar em torturas e até em assassinato, nenhuma dessas características é parte de uma evolução ou *in*volução que surge do nada e cai no colo do sujeito. Mas quando o parceiro não consegue perceber a face oculta e negativa do outro ou, mesmo tendo percebido, não "realiza" seu potencial destrutivo, e essa face surge em cena, a sensação é de traição. Quase todos os dias pessoas vêm me pedir socorro para lidar com essas traições de caráter — vamos chamá-las assim.

Um cliente me diz que está encurralado, pois cada dia está mais difícil lidar com sua mulher. Segundo ele, ela ataca e tenta destruir suas relações com seus parentes mais queridos, criando intrigas, ofendendo-os, afastando-o de seus irmãos, de sua mãe, dos amigos. Mas teve um filho com ela. Adora esse filho, e a esposa está sempre ameaçando sumir com a criança caso ele saia de casa. "Agora que a conheço bem, não duvido do que diz. Ela é capaz de tudo."

Sei que não adianta muito fazer *flash back*, mas por curiosidade pergunto: "Você não percebeu nenhum traço desse caráter perverso antes de casar?" "Percebi, mas a coisa não tinha essa força nem esse alcance. Ela até se dava bem com a minha família, e todos diziam que com a 'obstinação dela' formaríamos uma sociedade imbatível", ou seja, essa neurose, quase psicose, era mitigada, disfarçada de "personalidade forte", uma versão *light* oferecida para consumo externo ou, no popular, uma pessoa falsificada para enganar trouxa!

É claro que a coisa toda não é tão simples assim. Muitas vezes essas pessoas-armadilha surgem na vida do outro justamente quando esse outro está frágil, geralmente se recuperando de uma perda ou de uma trombada de "trem", ou ainda desesperado para escapar da aranha-solidão. Mas, tudo bem. E agora que meti as caras e durmo ao lado da jararaca (como no caso do cliente acima)? Fazer o quê? Antes de partirmos para essa especulação de alto risco é preciso uma parada para que prestemos atenção.

Todos os dias atendo pessoas que caíram no buraco negro da traição de caráter. Elas me perguntam, assim como você deve estar fazendo, como podem sair dessa e "partir pra outra". Sempre esperam uma solução caída dos céus que lhes permita uma saída honrosa, sem máculas, limpinhos como bundinha de nenê recém-saído do banho. Em síntese, buscam uma solução tipo omelete sem quebrar os ovos. Impossível, não há crime sem castigo, não há como sair impune dessa situação onde se meteram por "vontade" própria. Freqüentemente, antigos clientes que se casaram ou se juntaram, sem nem mesmo me mandarem um convite, aparecem com cara de cachorro que caiu da mudança, dizendo: "Pois é, Roberto, como você sabe, eu casei..." Eu, o chato que não deixa passar nada (até porque sei que vai acabar sobrando pra mim), digo: "Não sabia não, pois você só me participava das suas amarguras e desventuras. Das coisas boas eu não fiquei sabendo." Mas, invariavelmente, a frase desse cliente continua dessa maneira: "Eu deveria ter te procurado quando conheci fulano ou fulana. Mas sabe como é, né? Casei e agora a minha vida virou um inferno. Estou a ponto de fazer uma loucura etc. etc."

Admito que há casos que chamo de patológicos, em que a personalidade esquizóide do outro, aliada ao pouco tempo de *test-drive*, pode levar a enganos terríveis. Algumas vezes acontece comigo ter testada a minha percepção do outro. Certa vez conheci a *ex* de um amigo. Ela mostrou ser uma pessoa agradabilíssima, bem-humorada (traço importante de caráter saudável), educada. Seu olhar era franco, seu sorriso em nada expressava desequilíbrio. Em resumo, era uma mulher com quem eu certamente me relacionaria (opinião formada com apenas 20 minutos de conversa social num restaurante). Mais tarde, já no apartamento do meu amigo, ele me contou parte da sua história com aquela mulher. Disse-me, por exemplo, que um dia foi acordado por ela com gritos e pancadas de frigideira na cabeça. "Ela estava transtornada", disse ele. "Gritava que eu estava sonhando com alguma vagabunda, que eu era um desgraçado, que até em sonho a traía, e assim por diante. Uma outra vez, numa discussão, arrancou-lhe um pedaço da pele do rosto com as unhas, que, segundo ela disse mais tarde, havia deixado crescer justamente para esse fim. Aí, você que está lendo, faz a pergunta fatal: por que esse cara idiota não reage, não se separa, não some ou algo assim? Porque às vezes nos tornamos reféns de nossa lucidez, dos nossos escrúpulos, da nossa humanidade. Quando há ameaças sobre pessoas indefesas (ou que não podemos defender), como as crianças, por exemplo, temos de recuar, mesmo que seja momentaneamente, até encontrarmos uma outra estratégia que não lhes comprometa a segurança. Foi isso que aconteceu com o meu amigo, se é que vocês me entendem.

Essa era a mesma pessoa supersimpática e sensata com quem conversei por alguns minutos. No passado, qualquer desvio da norma social era visto como sinal de doença psíquica, o que foi usado politicamente para afastar "humanitariamente" opositores, dissidentes e pessoas que, pela própria existência, ameaçavam a ordem social. Houve todo um movimento para limpar a psiquiatria desses excessos, para evitar a segregação manicomial etc. Hoje precisamos fazer uma outra revolução: passar a ver como doença mental um leque muito mais amplo de manifestações comportamentais, como o da pessoa desse caso. Da mesma forma, precisamos entender como traição essas erupções doentias de caráter que estavam ocultas com objetivos claros de nos enganar, de nos vender um produto e entregar outro, e de nos transformar em "terceiros de boa-fé", para usar um jargão jurídico (isso sem jamais nos eximir de responsabilidade). Sei que você deve estar pensando: "se isso for feito, não escapa ninguém ou quase ninguém." Pois é...*

Esse exemplo é uma amostra de que entrar em relacionamentos problemáticos é muito fácil, mas sair deles... À pergunta simples, às vezes simplista, de "por que você não se separa?", muitas vezes temos respostas complexas, onde valores morais, senso de responsabilidade, armadilhas financeiras estão acuando o indivíduo já acossado pelo parceiro. Há situações em que a separação nem é cogitada, simplesmente porque o sofrimento causado pelo outro é aceito como norma (é ou deve ser "normal") de uma determinada cultura, ou seja, não é visto como traição e sim como confirmação de um destino cruel, perverso, mas "inevitável".

---

* Na verdade, não estou sendo original. C. G. Jung, em seu livro, *O Eu e o Inconsciente*, relata também, em pé de página, o seguinte fato: "Sendo eu ainda médico na clínica psiquiátrica de Zurique, acompanhei certa vez uma pessoa leiga, mas inteligente, pelos diversos departamentos de enfermos. Tal pessoa nunca vira antes por dentro um manicômio. Quando terminamos a visita, exclamou: "Mas escute, isso é a cidade de Zurique em miniatura! É a quintessência de sua população. Parece que aqui se reuniram todos os tipos que encontramos diariamente nas ruas, em seus exemplares clássicos. Gente bizarra, exemplares típicos de todas as alturas e profundidades!" Eu nunca pensara no caso sob tal ponto de vista, mas acredito que o visitante tinha razão em grande parte." Do livro *O Eu e o Inconsciente*. Tradução de Dora Ferreira da Silva. Ed. Vozes, Petrópolis, Brasil, 1982, p.18.

Onze

O Mito do Amor Romântico

*"Pintaram os antigos o Amor menino, e a razão... era porque nenhum amor dura tanto que chegue a ser velho... Usar a razão e o amor são duas coisas que não se juntam. A alma de um menino, o que vem a ser? Uma vontade com afetos e um entendimento sem uso. Tal é o amor vulgar. Tudo conquista o amor quando conquista uma alma; porém, o primeiro rendido é o entendimento... Nunca houve enfermidade do coração que não houvesse fraqueza no juízo... E como o primeiro efeito ou última disposição do amor é cegar o entendimento, daqui vem que isso que vulgarmente se chama amor tem mais partes de ignorância, e quantas partes têm de ignorância tantas lhe faltam de amor."**

Coloquei esse trecho de um Sermão do grande padre Antônio Vieira para mostrar que não é de hoje que se emparelha o amor com a falta de razão. Na verdade, essa é uma meia-verdade, uma vez que dentro dessa categoria vasta podem se abrigar várias formas de amor ou, melhor, várias manifestações de sentimentos aos quais se dá erroneamente,

---

* Sermão do Mandato, Padre Antônio Vieira. Pregado na Capela Real no ano de 1645. Vieira, Sermões, Agir, Rio, 1966.

até por falta de nomenclatura, o nome genérico de amor. O padre Vieira estava a puxar a brasa para a sua sardinha cristã, pois seu discurso, embora cheio de psicologia e ainda válido (apesar dos séculos que nos separam), comparava o amor humano com o amor de Cristo. Dizia que o único amor verdadeiro foi o do Cristo, que amou os humanos sabendo. Sabendo quem era ele (o filho de Deus), sabendo quem eram os homens (uns ignorantes de marca maior) e sabendo qual seria o fim de sua empreitada de amor incondicional, pois tudo indica que ele tinha plena consciência de qual seria o fim de sua missão. Vieira diz que, ao contrário, não sabemos quem somos, não sabemos quem é o outro (o nosso objeto de amor) e não temos a mínima idéia de como vai acabar a relação (e, na verdade, se 80% de nós soubéssemos quem é o outro e como vai acabar a relação, nunca iniciaríamos o romance).

Mesmo sendo um sermão com fins doutrinários, ele tem muita razão, principalmente quando se trata de um tipo de amor que eu chamo de amor romântico, no qual a paixão é o topo de linha. Sem querer fazer psicologismos, podemos dizer que, no amor romântico, busca-se um pedaço de você (que está faltando) no outro. Mas a coisa ainda é pior. No amor romântico, buscamos viver *scripts* já escritos há muito tempo que estão na categoria do arquétipo. Por isso que os atuais romancistas, principalmente os que escrevem para atrair o gosto popular (no Brasil, seus máximos representantes são os autores de novelas de TV), desenham romances cheios de obstáculos, de adiamentos, de impossibilidades, apenas para que sejam vencidos um a um e cheguem no *happy end*. "Ah, a força do amor, que supera todos os inimigos, que rompe com todas as barreiras, que supera todas as armadilhas..." Só que na vida real não é assim que a novela funciona. Já falei até demais sobre as armadilhas dos amores românticos no livro *Solidão Nunca Mais*. Por isso, não vou me repetir. Mas não posso deixar de mostrar como esse sentimento tem pouco de natural, muito de artificial e se constitui num perigo, num cheque em branco para os relacionamentos de alto risco.

Como já foi dito, os enredos clássicos do amor romântico pouco mudaram nos últimos séculos, suas pequenas variações não alteram sua estrutura mítica e inspiradora. Na história de *Tristão e Isolda*, eles apaixonam-se graças a uma poção mágica que não deveriam beber e inadvertidamente o fizeram. Isolda estava destinada a um rei, para quem Tristão trabalhava e era considerado como um filho, o mais fiel dos cavaleiros. A poção mágica entra aí como o lado irracional do amor, que perturba a cabeça para que apenas o coração fale. Em *Romeu e Julieta* há também a distância entre os amantes — suas famílias eram inimigas mortais uma da outra, mas o amor não respeita essas pendengas e... o final todos sabem.

Há pouco tempo, Hollywood levou para as telas um mito de amor e morte mais antigo ainda, o causador da lendária Guerra de Tróia. O jovem Páris, com tanta mulher no mundo, foi se apaixonar perdidamente por Helena, esposa de um outro rei, Menelau, e a raptou. Ao contrário de Romeu e Julieta, onde só um morre, na Guerra de Tróia milhares morreram por causa desse grande e irresistível amor. Bem, esse enredo (curiosamente, enredo vem da palavra *rede* e significa "enrolar na rede") acaba se tornando um modelo ou, na linguagem junguiana, um arquétipo constelado por milhões de pessoas ao longo do tempo. É o que se pode chamar de "mito do amor romântico". Mas perguntará você, leitor ou leitora, que está começando um romance e me vê como um estraga-prazeres: "E daí, qual é o problema de se engajar num amor romântico?" O primeiro problema, o mais grave, é que o arquétipo é uma força viva, quase uma "entidade" no sentido espírita. Quando deixamos que essa *entidade* encarne em nós, ela toma conta, é regida e nos rege por leis próprias, pois tem a sua dinâmica, que em geral nada tem a ver com a nossa. Assim, ao constelarmos esse arquétipo, estamos entregando o controle da máquina para uma força alienígena, que vai nos conduzir aonde quer e não aonde precisamos ir. O segundo problema é que o amor romântico quase sempre envolve a criação de dificuldades para poder superá-las, mais ou menos como no serviço público de países subdesenvolvidos, onde a prática é: *criar dificuldades para depois vender facilidades*.

No caso do amor romântico, a escolha do objeto em geral já é viciosa, já está contaminada de cara. Embriagada ou tomada pela energia do amor romântico, a menina olha para o bandido e só vê um príncipe lindo, correto e de vida impecável. O rapaz olha para a golpista e só vê uma moça ingênua, vítima da esperteza e da vilania do mundo que ele certamente (e o seu IMENSO amor) resgatará e a alçará aos mais altos píncaros da glória e do status social. Em seguida, os problemas começam a aparecer, mas aí já é tarde, alguém já está possuído pela intensa magia do amor romântico, e os problemas, longe de serem considerados racionalmente avisos aos navegantes, vão ser percebidos apenas como ordálias, provas para comprovar a realidade e a veracidade desse grande amor. Os ciúmes doentios, os tapas na cara e os safanões, os pedidos de dinheiro para problemas que não param de acontecer e nunca é devolvido, as mentiras, as traições e os correspondentes arrependimentos, tudo isso é colocado na conta dos obstáculos naturais de um grande amor que precisam ser vencidos para comprovar que é mesmo um grande e verdadeiro amor. "O mundo inteiro está contra o *nosso amor*, mas o *nosso amor* é tão grande, tão verdadeiro que venceremos a tudo e a todos. Mas, por favor, assine logo esse cheque que o banco fecha às quatro horas." A cegueira a que o padre Vieira aludiu é exatamente essa falta de capacidade de ver o óbvio, naturalmente oculto sob a capa das máscaras intencionais ou não. A história de ser "o último a saber" é bem isso, todos estão vendo, "tá na cara", como se diz, mas os filtros do arquétipo impedem a visão do óbvio. É como se o arquétipo do amor romântico passasse um filme de *sua* realidade só para consumo dos apaixonados, e esse filme pouco ou nada tem a ver com a real realidade.

Nem vamos falar dos desenlaces fatais de alguns desses relacionamentos, nem daquelas pessoas que saem vivas, mas ficam "aleijadas" psicologicamente pelo resto da vida. Vamos falar da desilusão, da frustração, do sentimento de ser inferior que muitas das vítimas desses relacionamentos experimentam. Esse é, na minha opinião, o maior problema. No livro *Solidão Nunca Mais* comparo esses transes à "viagem" das drogas ou ao porre de álcool. A diferença é que, por pior que seja a rebordosa, o "bode", a ressaca passam logo. Em casos extremos, você pode agir como retrata o sentido daquela frase que vi estampada numa camiseta: "Evite a ressaca, mantenha-se bêbedo." No caso de uma ressaca amorosa, depois da inapelável constatação (em última instância) de que a casa caiu, não é tão fácil engatar um outro amor romântico com o mesmo vigor saltitante do anterior, e assim por diante. Por isso acho que esse arquétipo é uma droga pior do que as outras, e se você acha que a droga do amor não causa estragos, vou repetir a estatística: só em São Paulo, a cada ano, 2.500 mulheres são assassinadas por seus parceiros! Acredito que, em sua grande maioria, eram mulheres apaixonadas que lutaram bravamente para superar os muitos obstáculos ao seu amor. Pobres mulheres cegas e surdas que mal sabiam que esses obstáculos eram a voz e os gestos de Deus tentando alertá-las.

Se eu fosse 100% freudiano, diria: essas pessoas que buscam o amor romântico e, em geral, inconscientemente, atracam seu barco num outro barco furado buscam uma confirmação. Se Freud estivesse aqui, talvez dissesse que esse padrão de aceitação do algoz na sua vida, via amor romântico, com os desfechos que são inevitáveis, trata de uma busca da confirmação de que o amor não existe ou é naturalmente perverso ou, se existe "não existe para mim". Parece paradoxal, mas, do ponto de vista da psicanálise clássica, a busca do sofrimento por intermédio de uma relação amorosa é a busca da confirmação de que o amor não presta. É como se uma pessoa, para provar ao mundo que os remédios são prejudiciais à saúde, escolhesse apenas os contra-indicados e caísse de boca neles numa orgia ensandecida para se autoflagelar. Consumado o ato autodestrutivo, ela, ferida, arrasada, triunfalmente diria a meia voz: "Eu não disse?"

Porém, não sou tão freudiano assim e acredito também na força da cultura e das heranças de vidas passadas, compondo uma engrenagem poderosa, contra a qual as pessoas mais fracas, ou seja, que não tiveram a oportunidade de desenvolver uma pessoalidade, são vítimas fáceis.

A cultura do amor romântico conspira dia e noite contra as mentes e corações receptivos, minando a capacidade de as pessoas buscarem seus objetivos na vida de forma serena e dedicada. Como posso me concentrar em mim se há uma ou várias vozes, ora sussurrando, ora berrando para que só me sinta completo se me apaixonar. Mais que isso, essas vozes do *além* sugerem que o ideal é me dissolver num grande e irresistível amor, um amor ideal, enevoado, com sininhos e música de fundo tocando. A cultura do amor romântico me empurra para a perda da minha pessoalidade em favor de uma entidade ou de alguém que encarne essa entidade (o Príncipe Encantado, por exemplo). Acabo de receber uma mensagem de uma cliente que, por meu conselho, foi viajar de férias sozinha (não queria ir por falta de companhia). E me conta, entre divertida e revoltada, a surpresa e o assédio dos que descobriram que ela estava só. Dando um desconto pela sua paranóia de que vê todos os olhares convergindo para si nos restaurantes e bares, ela está certa quando diz: "Como é difícil a conquista da autonomia, da independência."

Mas, como vivo repetindo para ela e para os outros, será por meio dessa conquista, da (relativa) autonomia, funcional e emocional, que poderemos encontrar o amor maduro e a maturidade serena. Deixar-se inebriar pela fantasia do amor romântico é entrar, de corpo e alma, numa viagem de dependência. Assim como nas outras dependências para as quais há tratamentos, clínicas e profissionais especializados, é fácil entrar e muito difícil sair.

Doze

Ciúme, Essa Droga que Mata

Ao serem atropeladas pelo carro alegórico do amor romântico, quase todas as pessoas ficam seqüeladas. Como um mecanismo de reação em cadeia, a perda da consciência pessoal e a sua substituição pela "consciência" coletiva ou arquetípica causam outras subprogramações culturais, também como parte do pacote do amor romântico. O ciúme é um desses subprogramas, do qual já falamos, mas que merece um capítulo só seu (isto é típico do ciumento: **eu quero um capítulo só meu, e não vou dividi-lo com vagabunda nenhuma!**).

Mas antes de dizer qualquer coisa sobre essa praga maligna, quero deixar claro uma coisa: também sou ciumento, não vivo num nirvana sentimental, nem sou um ser perfeito só porque escrevo criticamente sobre esses espinhos da evolução. Muitas pessoas, ao lerem os meus livros, podem fazer uma idéia de que escrevo tudo isso de uma posição superior e que superei todas essas armadilhas à felicidade. Outros mais severos acham que sou um baita de um hipócrita, um fingidor, que escrevo falando coisas apenas da boca pra fora, mas que no particular sou tão tarado e tão lesado quanto os piores exemplos que dou. Nem uma coisa, nem outra. Não busco a santidade, nem os troféus da perfeição, mas sim aprender sempre, melhorar sempre, corrigir sempre. Se existem algumas pessoas que aprendem e se beneficiam dos meus livros, não tenha a menor dúvida de que a primeira delas sou eu, um autor que, antes de tudo, é um leitor privilegiado.

Dito isso, vamos aos ciúmes. Por mais que se esforcem os estudiosos da natureza humana, eles não conseguem atinar com a verdadeira natureza do comportamento ciumento. Porém, estudos de áreas bem distintas já nos trouxeram algumas luzes. Por exemplo, sabemos que o ciúme está também no comportamento animal e deriva diretamente do programa de posse. Não só entre os chimpanzés — mas entre os leões-marinhos, os galináceos, entre muitas outras espécies —, as demonstrações de posse da fêmea pelo macho dominante são ostensivas e violentas.

O naturalista Zuckermann relata um episódio curioso e bastante ilustrativo da sua observação a um bando de babuínos. Enquanto o macho dominante dava um carreirão em um mais jovem e intrometido, uma das fêmeas correu em direção a outro jovem macho e praticamente o obrigou a se acasalar com ela. Nesse meio-tempo (toda a cena durou 40 segundos), o macho dominante volta e a flagra em explícito adultério. Ela se desvencilha abruptamente do amante e corre em direção ao macho mais velho, expondo ostensivamente a sua genitália, enquanto se vira para o jovem e perplexo babuíno, fazendo caretas ameaçadoras e gritando acusadoramente para ele, como se quisesse dizer: ele é que me violentou, ele é o culpado. Nem é preciso dizer que o velho babuíno saiu disparado na perseguição do jovem e ainda inexperiente amante acidental.

Não podemos dizer que se trata de uma cena em que sentimentos humanos são manifestados, embora possamos reconhecer aqui características muito humanas. Mas trata-se, acima de tudo, do instinto de preservação da cepa genética individual. Muitos antropólogos e até alguns psicólogos pensaram ter encontrado aí, na cupidez genética, a origem do ciúme. Na verdade, todos os seres vivem para transmitir a sua carga genética para as gerações posteriores. Essa necessidade de passar o bastão estaria na base da busca da imortalidade. Sabemos ou intuímos que somos finitos, mas acreditamos que sobreviveremos através das nossas marcas genéticas passadas para as futuras gerações.

Mas, se essa teoria está certa, como explicar a presença do ciúme nas relações infantis? As crianças manifestam ciúmes de seus brinquedos, de seus pais, de seus coleguinhas, e dificilmente isso pode ser atribuído a um instinto garantidor dos meios de transmissão genética. Pessoalmente acredito que está no comportamento infantil a melhor, embora não única, explicação para o fenômeno dos ciúmes. Em primeiro lugar, o que compõe o cardápio dos ciúmes infantis é o seu forte egocentrismo. Toda criança sente-se como o centro do universo, e nisso é estimulada pelas emulações precoces dos pais, principalmente da mãe, que, ao cuidar dela, protegendo-a, acalentando-a, proporcionando-lhe prazer, provê também a sua zona de conforto e, ao amamentá-la, provê a sua subsistência. Essa sensação de que *o mundo existe em função da minha existência* é natural, mas deve ser passageira e desaparecer com a convivência social e o conflito com os outros egos e com o mundo real. Mas isso nem sempre acontece. Em muitas pessoas essa programação se mantém mais ou menos intacta ao longo de seu crescimento. Mas há outra e decisiva característica do desenvolvimento infantil: o sentido de propriedade. Da mesma forma que o meu cachorro ameaça me atacar se finjo tentar pegar o osso que lhe dei alguns segundos antes, como se ele mesmo o tivesse conquistado e eu fosse uma ameaça, as crianças tomam posse de tudo que lhes interessa, de forma indisputável.

Para nós, adultos, pode parecer risível que uma criança se descabele e morda a outra por causa de um patinho de plástico velho e todo cacarecado, mas nos esquecemos de que fazemos o mesmo (e muito pior) para defender os nossos carros ou algum bem que para nós tenha valor. O sujeito que passa boa parte do seu domingo lavando, polindo e admirando o carro, e fica furibundo se o filho incauto põe a mão cheia de dedos na lataria recém-polida, está reencenando esse estágio natural do desenvolvimento infantil. O ciúme nasce aqui, do casamento de um egocentrismo infantil com um sentimento de posse também infantil. O bebê, embora não saiba se expressar com palavras, conhece bem várias outras linguagens com as quais se expressa para ter seus desejos satisfeitos pela mãe. Ele chora, berra, agita-se, expressa satisfação ao ser atendido, e com isso cria uma linha de comunicação com ela, sua fonte de prazer.

Naturalmente qualquer coisa que ameace o rompimento desse contrato é visto com forte hostilidade e deve ser combatido. A luta pela preservação do patinho é, nesse sentido, uma extensão da luta do bebê pela mãe provedora de suas necessidades. O ciúme é uma elaboração tardia dessa posse primária, a posse do objeto de prazer! Mas, se no caso do bebê há sérias bases para o seu comportamento, afinal é a sua sobrevivência (em primeiro lugar) que está em jogo. No caso do comportamento adulto, isso se torna, no mínimo, uma inadequação e, no máximo, uma aberração.

Vocês se lembram da história que contei do meu amigo cuja mulher o atacou enquanto dormia por presumir que em seus sonhos ele a estava traindo? Pois é, o ciumento patológico deseja estar de posse até dos sonhos e pensamentos de quem acredita ser a sua única e final fonte de satisfação. O ciumento vê o outro como a mãe sem a qual não vai poder sobreviver ou, pelo menos, não poderá ter prazer na vida. Por isso precisa controlar seus passos, cuidar para que outro bebê não a roube ou para que ela não gaste o seu leite e os seus carinhos com outro, o que poderia ser um desastre para a sua cota de alimento e prazer.

Onde você esteve? Com quem você esteve? O que você andou fazendo? Essas são perguntas que quase todos nós já fizemos (prendendo a respiração e tentando controlar a nossa fúria) algum dia para algum ser amado. Frases como "Quem ama, cuida" e "Quem não tem ciúmes não ama de verdade" são racionalizações de proteção para a defesa desse programa. Essas frases, comuns em muitas culturas modernas, justamente por serem comuns a uma cultura não são fruto de uma experiência pessoal, assim como as manifestações de ciúme.

Como diz um amigo meu, "quem viu uma, já viu todas". Por isso, temos a sensação do *dejà vu*, quando assistimos no teatro ou em dramatizações de casos reais a episódios onde o drama ou a tragédia foram causados pelo ciúme doentio de um dos parceiros. "Quem viu uma, já viu todas", porque esse é também um modelo coletivo que incorporamos sempre que as condições sejam propícias. E qual é a condição mais propiciadora: a recuperação da insegurança natural da criança? A "certeza" de que sem aquele "objeto" de satisfação não poderemos mais continuar a viver. Mas o fato de ser um atributo da criança e ser alimentada pela insegurança não pode permitir que nos enganemos; isso pode ser uma bomba letal, caso se anime num corpo adulto. Mas aí entra outra questão igualmente intrigante: se o ciúme é uma extensão do nosso amor e da dependência da mãe, por que é tão destrutivo, por que pessoas em crises agudas de ciúmes matam ou tentam matar os seus parceiros (que estão fazendo o papel da mãe)?

Você já presenciou a cena de uma criança que briga por um brinquedinho e que, forçada pela mãe a entregar ou partilhar esse objeto com uma outra, simplesmente destrói o objeto? Você já ouviu a frase "Se não vai ser meu, não vai ser de mais ninguém!" como preâmbulo de um ato destrutivo? Novamente aqui vamos entrar na outra face desse comportamento ou, diremos melhor, desse arquétipo construído na primeira infância. Na verdade, quando a criança toma posse do objeto, seja ele qual for, o que está em jogo não é o valor do objeto (nem o relativo, nem o absoluto) e sim a posse como instância fortalecedora do seu ego. Pessoas que fazem questão de ser conhecidas ou identificadas pelo seu título, como o "engenheiro Jorge" ou o "Zezinho da padaria Nova Esperança" ou, ainda, o "Eduardo da BMW vermelha", na verdade estão reproduzindo esse padrão infantil de incorporação de um objeto do mundo exterior, tornando-o uma extensão do seu ser.

Recentemente ouvi uma história que ilustra bem isso. Uma pessoa alugou uma cobertura que era a realização de seu sonho de juventude. Na verdade, era um prêmio à sua ascensão fulminante na empresa onde trabalhava. No início demonstrava o seu deslumbramento com o apartamento, usando-o para impressionar as pessoas à sua volta, sempre mais simples e mais humildes que ele, a ponto de ser conhecido como o "Chico da cobertura duplex", epíteto do qual muito se orgulhava, secretamente, é claro. Mas, um *belo* dia, foi despedido e passou a atrasar os aluguéis, e em pouco tempo não conseguia nem mais pagá-los; porém, apegava-se ao imóvel e dizia para si mesmo que só sairia dali morto. Mas teve de sair. Com a ação de despejo iminente, resolveu sair, mas sem deixar "barato". Por três dias dedicou-se de corpo e alma a destruir o apartamento. Cimentou todas as saídas de fios depois de destruí-los, jogou ácido nos canos de PVC, provocou rachaduras na piscina e fez o que pôde para detonar, sem parecer muito ostensivo, de forma que os danos só pudessem ser constatados quando o imóvel fosse utilizado novamente. Na sua cabeça de bebê ciumento e possessivo, "se o apartamento não fosse dele, não seria de mais ninguém".

Apesar de não conhecê-lo, tenho certeza de que, se questionado acerca de seu ato vil e covarde, teria um saco cheio de "razões" para se justificar. Obviamente são as razões da criança que não resiste ao mais leve cutucão. Assim, enquanto na criança essa combinação de egocentrismo e necessidade de possuir o objeto é apenas natural e pode merecer uma reprimenda se for exagerada, no adulto é uma doença que, dependendo do grau, pode ser grave e até fatal.

Treze

O Homem como Vítima

Apesar de em outros capítulos já termos observado o homem no rol das vítimas, agora vamos mais fundo para examinar as circunstâncias e os motivos que levam os homens a dormir com inimigas e a comer o pão que o Diabo amassou com o rabo, nas mãos de suas companheiras. Mas antes de colocarmos a mão nessa massa, quero falar de um fator primordial para a armação das principais armadilhas nas quais os homens caem — a VAIDADE! Todos conhecemos a vaidade como um atributo preponderantemente feminino, cujos maiores ícones são os salões de beleza, as lojas de roupa, as joalherias, que existem praticamente em função delas. Mas essa é uma visão culturalista, parcial e naturalmente equivocada. A vaidade feminina tem sua razão de ser nas demonstrações exteriores, está ligada à estética, à plasticidade, à forma. A vaidade masculina tem um viés diferente. Embora os homens venham gradualmente abandonando a idéia de que "homem que é homem não se enfeita", nós, assim como a maioria dos mamíferos machos superiores, temos na exibição vitoriosa de nossos atributos viris o ponto nuclear de nossa vaidade. A juba do leão, as imensas galhadas dos cervos e alces, as cores faiscantes dos babuínos, a plumagem carnavalesca dos pavões são alguns desses exemplos. Tudo com o intuito apenas de atrair a fêmea e repelir os outros machos na briga pela perpetuação do patrimônio genético. Mas, para ilustrar melhor, tenho uma historinha ótima, sutil, mas de profundo significado exemplar.

"Houve, em tempos remotos, um padre, muito piedoso e poderoso em sua fé, que resolveu ajudar Deus a melhorar o mundo, e saiu por aí convertendo as pessoas para que não mais pecassem. Após converter toda uma aldeia, ele passou por uma pequena cidade, e isso despertou a atenção dos demônios, que começaram a se incomodar e tentaram desviá-lo de seu caminho, mas em vão. O padre continuou a pregar e a converter. Descorçoados, desanimados com essa progressão antipecado, os demônios foram pedir ajuda ao maioral, o próprio Satã Moloch em pessoa, que dormia seu sono infernal. Esbravejando contra a incompetência de seus subordinados, ordenou que levassem mulheres lindas até o padre, dizendo que nenhum homem resiste à tentação do sexo. Enquanto isso, o padre foi para uma cidade e em pouco tempo havia convertido a todos com a sua mensagem de fé e retidão. Quando os demônios chegaram diante do padre, com as mulheres siliconadas e popozudas, este, percebendo a armação, estendeu a mão espalmada à frente delas e bradou: 'Vade retro, Satanás, só Deus é o verdadeiro poder!' As *mulheres* (na verdade, demônios travestidos) fizeram *pluft*! e desvaneceram-se no ar, numa nuvem de enxofre e perfume francês. Cabisbaixos, os demônios foram novamente bater à porta do maioral que, já soltando fogo pelas ventas, rosnou: 'Levem dinheiro ao padreco, pois não há fé capaz de resistir a uma mala de dólares.' Dito e feito, os demônios travestidos de executivos, vestindo Armani, chegaram com uma Sansonite cheia de *doletas* (tudo de cem), mas nem sequer chegaram a abrir a mala, pois o padre fez o seu gesto tradicional e bradou: 'Vade retro, Satanás, só Deus é o verdadeiro poder!' E lá se foram os dólares sugados num redemoinho que mais parecia um ciclone subtropical e com eles os "executivos".

Nesse tempo, o padre já estava pregando na capital com enorme sucesso. Vendo tudo lá de baixo, Satã em pessoa resolveu entrar nessa briga, dada a incompetência do seu *staff*. Vestiu-se bem, mas sem ostentação, e chegou diante do padre, que imediatamente estendeu a mão. 'Não, não vim aqui brigar, nem tentar seduzi-lo, nada, vim me render. Vim reconhecer a força da sua fé e o poder inquestionável de seu Deus.' Nisso, o padre, ainda muito desconfiado e com os dois pés atrás, abaixou a mão. Satã continuou: 'Reconheço que perdi, que a sua fé é tão poderosa que está acima das minhas forças, a sua pregação é comovente, a sua palavra é verdadeiramente inspirada e libertadora.' A essa altura, o padre já não estava mais em postura de defesa e ouvia atento e com um levíssimo sorriso, quase imperceptível aos olhos humanos. Por fim, o rei dos diabos disse, com a voz mais melodiosa e convincente que encontrou: 'Vim render-me, oh poderoso servidor de Deus, aceito a derrota para um oponente tão cheio da Graça divina, tão iluminado. Por favor, aceite a minha humilde rendição', e estendeu a mão ao padre, que, passado um instante de hesitação, já com um sorriso claramente visível, estendeu o braço e apertou a mão de Satanás."

Se você é como eu, meio lento para entender as coisas, vou dar uma ajuda: o padre apertou a mão do diabão, entendeu?

A vaidade dele foi maior. Resistiu ao dinheiro, à tentação da carne, mas sucumbiu à sua própria vaidade, e apertou a mão do seu maior inimigo, e... dançou, esse é o famoso "pacto com o diabo".

Mas voltemos ao calcanhar-de-aquiles masculino: a vaidade do ego. Sem entrar muito nos psicologismos, podemos dizer que o homem inicia sua vida sendo seduzido por uma mulher, que por acaso é a sua mãe e que, ao longo do tempo, o condiciona a aceitar e a aprender a sedução. Essa sedução tem como base o famoso paparico, a adulação, a louvação de seus atributos sexuais, viris ("olha só que pipiu mais bonito... e grande, como ele é forte, como chora forte, como o jato do seu xixi é forte" etc. etc). Quem não conhece uma gestante que tem certeza de que seu filhote é macho, só porque está "chutando" muito dentro da sua barriga? Todo o enredo da sedução do filho pela mãe se baseia na magnificação das suas qualidades de homem, às vezes até justas, mas em geral fantasiosas, pois foram filtradas pelos olhos da mãe, que, como sabemos, só vê virtudes, qualidades e beleza nos seus filhos, principalmente nos varões. Você pode até argumentar que a cultura da valorização do filho homem está diminuindo de importância na sociedade ocidental, e até concordo, mas isso vai muito além da cultura, essa é uma relação arquetípica.

Assim, os homens (falando de modo bem genérico) crescem (?) esperando sempre que as suas mulheres-mães os seduzam, engrandecendo suas qualidades e simplesmente não vendo (não criticando, não denunciando, não mencionando, não divulgando) os seus defeitos. Em geral, as mulheres que descobrem e usam isso com esperteza não têm muitos problemas na arte da sedução masculina, mas em compensação também seduzem homens-meninos e vão ter de aturar as suas molecagens e *cia*. Assim é o caminho ao coração deles; assim é que as inimigas entram na vida deles e fazem seus estragos. A situação mais típica é a do homem de meia-idade, cuja mulher já está de saco cheio das suas derrapadas e careca de saber que ele pode não ser exatamente um sapo, mas já deixou de ser príncipe há muito tempo. A mulher já passou do estágio da mãe-sedutora, provedora dos mais prementes desejos do seu "filho-senhor", e já não é mais uma superamante (ou talvez nunca tenha sido, só que agora não faz mais questão de disfarçar nada), anda cansada, desiludida, conformada, sonhando com o jovem galã da "novela das 8". Nesse momento de deserto amoroso e sexual, surge em cena a outra. Geralmente mais jovem (bem mais jovem), cheia de problemas familiares, de um nível social mais baixo (ou não), mas intuitivamente sabedora dos segredos do arquétipo sem nunca ter lido Jung. Essa "outra", também chamada de vagabunda, prostituta, cadela, pela mulher oficial, sabe quais são as chaves que abrem as portas da fortaleza. "Nunca ninguém me fez sentir o que você me fez sentir" ou "nem parece que tem essa idade, você dá baile em muito jovenzinho, ufa!" ou, ainda, "eu gosto de tudo em você, do seu cheiro, da sua barriguinha, da sua barba e até da maneira como ronca!"

Resumindo: tudo aquilo que a coitada da dona Maria reclama e renega. "Eu daria tudo para ser a sua gueixa e ficar apenas à sua disposição para lhe servir em todos (todos mesmo, entendeu?) os seus desejos." E por aí vai. Isso não quer dizer que toda "outra" seja inimiga, não é isso, mas sim que a porta de entrada da inimiga na vida do homem quase sempre é a sua vaidade, que o cega para a realidade (a sua realidade) da mesma forma que os apelos ao romantismo e ao "amor" cegam as mulheres. A vaidade masculina prepara o terreno para que floresçam plantas, que se houvesse um mínimo de lucidez e senso de "realidade" não floresceriam. Homens capazes de tomar decisões de alto risco, de analisarem de forma crítica e ponderada relatórios complexos, caem como patinhos em histórias absurdamente inverossímeis, infantis.

Um amigo que tem casa de câmbio num país onde as prostitutas brasileiras fazem muito sucesso me confidenciou que algumas dessas moças vão todos os meses até a sua corretora acompanhadas do seu "protetor" da vez para mandar um dinheirinho (na verdade, um dinheirão) para a pobre mãezinha, que está sendo despejada, "a fim de comprar uma casinha para ela". Adivinha como elas conseguem esse prodígio? "Você é o homem mais poderoso que já conheci." "Só com você eu consigo me sentir verdadeiramente mulher", "Nunca vi tanta disposição assim, parece que tem até dezoito anos...", "No meu país, homens como você são muito raros", e assim por diante. Os dólares e euros vão saindo de uma conta e engrossando as divisas nacionais.

Esse é, enfim, o poderoso calcanhar-de-aquiles masculino, sem contar outros arquétipos, como o do (antigo) "coronel" ou o mais moderno "pai-provedor". Esses são modelos extremamente ligados, quase siameses, mas nem sempre o pai-protetor tem a tal vaidade viril. Há facetas desse modelo em que ele apresenta até uma tintura de "mártir" ou herói sacrificado. Esse arquétipo vai encontrar não só homens que pensam ser poderosos e por isso acolhem sob a sua asa protetora as pobres mulheres vítimas da vida cruel, como também homens apenas "bonzinhos" que querem fazer a sua missão de escoteiro. Homens que empenham suas credenciais sociais para tirar a mulher da prostituição ou se associar a uma mulher de "péssima reputação", largando a família ou bancando a *casa chica**. De vez em quando assisto na TV a casos de "verdade", em que a mulher trama com um ou mais amantes a morte do marido, que está tão ocupado em trabalhar de sol a sol para tentar satisfazer as necessidades dela e dos filhos que nem percebe o que está se passando, até que o desfecho fatal acontece. O interessante desses programas é que fazem uma espécie de teatralização, mostrando os bastidores (reconstituídos geralmente com base nos depoimentos do inquérito policial e testemunhas) do relacionamento. Em quase todos os casos, a vítima era um sujeito pacato (quando se trata de um cara perverso, a mulher normalmente faz o serviço sozinha, num ato de desespero), trabalhador e bom pai de família, como se diz no jargão popular.

A mulher, por outro lado, é "da pá virada", com muita energia sexual, voraz, daquelas que estão na vida para "tomar todas", mas acabaram caindo na armadilha do casamento, onde se sentem como feras enjauladas. Todos em volta — vizinhos, amigos, parentes — testemunham o comportamento

---

* *Casa chica* em espanhol seria "casa pequena ou menor", equivalente em português a "filial". Era um costume muito popular no México até alguns anos, quando comumente encontrávamos homens de classe média mantendo apartamentos para suas amantes mais jovens, que ficavam o dia inteiro à sua disposição. Isso era visto ou, melhor, "não era visto" pela sociedade, que aceitava de forma velada essa necessidade social.

desregrado e ostensivamente desrespeitoso da mulher. Nesses casos ele nem é o último a saber, simplesmente se nega a saber e, quando se torna impossível ignorar, sofre em silêncio, recebendo as denominações chulas que todos nós conhecemos e que não é de bom-tom repeti-las. Felizmente apenas uma ínfima minoria desses casos acaba em tragédia, mas muitos se tornam dramas, em que o sofrimento do homem e, por que não dizer, da mulher se prolonga até...

Quando tenho a oportunidade de observar esses casos não consigo deixar de pensar no conceito da fragilidade humana, mas logo me vem em mente a idéia da burrice humana, da sua equivocada noção de felicidade ou da falta dessa noção. Conversando com essas pessoas, homens e mulheres, vítimas e algozes desses dramas domésticos, mas verdadeiramente existenciais, descobri uma coisa: a maioria nunca pensou no significado da palavra felicidade! Esses homens (e também as suas mulheres) sempre estiveram muito ocupados para pensar ou agir no sentido de serem felizes. Achavam que isso ou era algo embutido no preço do pacote da vida, ou não era para o "seu bico". Muitos viam essa idéia de pensar na possibilidade ou na necessidade de buscar a felicidade como uma excentricidade (desculpem essas rimas involuntárias). Assim, não incluíam nas suas "listas de compras" essa tal felicidade; sendo assim, estavam liberados para viver relações infelicitantes, como se isso fosse uma fatalidade ou decorrência natural do estar vivendo.

"Não viemos aqui para sermos felizes, a Bíblia diz isso com todas as letras", afirmou-me certa vez um cliente, metido a teólogo cristão. O "vale de lágrimas" é justificado cada vez que entramos em relações furadas e que nos fazem sofrer.

Aí dizemos com aquele ar de mártir de periferia: "A vida é mesmo assim, faz parte..." ou "É a vontade de Deus".

Mas o que seria essa tal de felicidade? Na verdade, esse é um conceito por demais abstrato para ser discutido num livro que não pretende ser de filosofia (embora seja, sim). Vamos dizer que a tradução dessa palavra para a linguagem do possível é: viver bem, sentir prazer em estar vivo, sentir que a cada manhã vale a pena acordar, poder rir pelo menos uma vez por dia e olhar para o céu e dizer: Muito obrigado! Felicidade não é a alegria infantilóide dos drogados ou dos alienados, que se fecham em seu mundinho de fantasia e simplesmente dão as costas para a "realidade". Ao contrário, é saber que se fizemos uma escolha errada, vamos trabalhar e até guerrear para retomar o caminho da "felicidade". É ter a convicção de que o sofrimento pode ser *parte* do pacote, mas não *é* o pacote, e que deve ser superado. Felicidade é saber que o amor é possível mesmo dentro de uma cela imunda, se você entender que aquilo que você chama de vida vai muito, mas muito mais além da realidade — o espírito está no "pacote", e este é a porta e o caminho para se nutrir de forças para continuar.

Felicidade é buscá-la nos pequenos prazeres, é valorizar cada uma de suas conquistas, mesmo que ela seja ridícula aos olhos dos poderosos. É respeitar a si mesmo e o seu direito à vida e às coisas boas que a vida pode proporcionar. Mas não vejo essas idéias na cabeça dos homens e mulheres que se metem em relações intermutiladoras. Sei que para a personalidade masoquista sofrer é bom, e para os sádicos infligir dor é melhor ainda, mas não escrevo para esses e sim para aqueles que por desventura acabam cruzando o caminho dos sádicos e dos masoquistas.

Entendo também que muitas dessas relações são "cármicas", mas isso não quer dizer que são compulsórias, ou seja, que você tem de suportá-las só porque vêm com a etiqueta "*made in* outra vida". Já discuti isso em meus livros, mas nunca é demais repetir, uma vez que os conceitos esotéricos estão por aí na "boca das matildes", sendo mal compreendidos e mal usados. As mulheres em sua maioria, mas também os homens, entraram na onda de se esconder atrás do "carma" para justificar a sua inércia ou covardia, em ter de enfrentar relações infelicitantes. Quantas vezes ouvi a frase "ele é meu carma nessa vida, vou ter de levar até o fim, não posso fugir, senão..." em resposta à simples pergunta: "Por que então você não se separa dele (ou dela)?" Hoje tenho poucas dúvidas sobre essa força aproximadora das pessoas chamada Carma, mas também não tenho dúvidas de que não está escrito na Lei do Carma que você é obrigado a passar por isso ou por aquilo, com essa ou com aquela pessoa. Não, o Carma, cujos programas estão gravados no DNA e no Inconsciente, coloca você junto de seu algoz, do seu credor ou de seu grande amor, mas não providencia as algemas. As cadeias que aprisionam estão apenas dispostas numa cultura falsa, usada para amenizar a nossa acomodação covarde e ignorante.

Existem razões concretas para que uma pessoa não se separe de outra que a faz sofrer, e o medo da retaliação, principalmente quando há filhos, é uma delas. Mas mesmo essa circunstância pode ser vencida se houver uma estratégia, uma vontade genuína, como dizem os americanos: *Where there is a will there is a way!* (Onde há vontade, há saída!) Mas mesmo quando há essa coerção, quando a ameaça é real (e o número de mulheres espancadas e assassinadas no Brasil mostra que a coisa é séria), existem mecanismos que podem ser acionados para a libertação do pesadelo. Porém, observo, mesmo nesses casos, num exame mais profundo, que essas mulheres e homens não escapam das relações destrutivas por outros motivos, mais doentios, menos racionais. Coisas como "apesar de *tudo* eu a amo (ou *o* amo)" são as frases mais pérfidas que ouço, a contragosto, diga-se de passagem, nessas ocasiões. Entenda-se que o *tudo*, no caso, são humilhações, tortura física e psicológica, o inferno particular no qual se embarca quando se dorme com o inimigo.

Homens que são martirizados por suas mulheres e ficam reféns de situações terríveis geralmente estão infantilizados, presos a correntes invisíveis, assim como estiveram com suas mães, "de castigo", olhando para a parede, ou sem ver TV, ou sem brincar com os amiguinhos. Muitas vezes essa é a típica brincadeira do "passar adiante" que meus leitores mais jovens não devem nem mesmo ter ouvido falar.

Mas funciona assim: Sueli é casada com Jorge e é amante de Armando. Ela é tratada como vagabunda pelo amante, com "casca e tudo", como diz. Não é raro ele tirar dinheiro da carteira dela e dar-lhe uns safanões. Vez por outra ela pega "traições" do amante com outras mulheres, que a engana, mente e encena o mesmo teatro canastrão de sempre. Com o marido ela age com rispidez, *rouba* dinheiro dele, maltrata-o, faz "greve de sexo", humilha-o até na frente dos amigos e dos filhos pequenos, e de cada dez palavras que troca com ele metade é de agressão e a outra de mentiras. O marido, enfezado, sentindo "algo de podre no reino da Dinamarca", diminuído, espezinhado, mas impotente na relação, é o cão no escritório, onde é gerente de meia dúzia de infelizes subalternos. Lá, na sua arena de compensação (onde *tem a força*), ele vai à forra: maltrata, humilha, mente, engana, tripudia etc. Tudo isso porque não nos fazemos aquelas benditas perguntinhas:

"O que estamos fazendo para a nossa felicidade? Nesse caminho chegaremos a ser felizes? Estou feliz assim?"

Quatorze

O Padrão como Linguagem

Existe um mui sábio ditado que enuncia: "Se algo acontecer apenas uma vez, pode nunca mais vir a acontecer. Mas se acontecer duas vezes, certamente acontecerá três, quatro, cinco..." O que isso quer dizer? Que a repetição de um mesmo tema torna-se um padrão, e todo padrão é uma linguagem que precisa ser entendida, decifrada. Quando estudava os sonhos, sempre me preocupava em perguntar se a pessoa tinha um sonho repetitivo. Normalmente esses são os sonhos-mensagens-urgentes que realmente querem dizer algo e clamam por entendimento.

Acredito quando meus colegas místicos dizem que o Cosmo se manifesta em forma de padrões. Observando a minha vida, percebo alguns padrões negativos que são como uma linguagem me dizendo que aquele não é o meu caminho, não é o meu negócio. Diante disso, devo evitar concorrer para a criação do padrão ou me conformar com os tombos que levo ao entrar no padrão, como no velho ditado: "Todo mundo fala das pingas que tomo, mas ninguém fala dos tombos que levo", ou seja, se não quero levar tombos (e me machucar, me sujar etc.), devo parar de tomar pinga ou então... conformar-me com os tombos e levar sempre junto uma caixinha de primeiros socorros e uma dose extra de bom humor (coisa que nem é tão difícil assim para quem bebe), além, é claro, de não dar a mínima para os comentaristas da vida alheia.

Quando observo os casos rotulados de *Dormindo com o Inimigo*, procuro logo pelo padrão. Se ele não existe, fico mais esperançoso e mostro à pessoa que essa primeira ocorrência pode nunca mais acontecer se ela for inteligente, aprender a lição, começar a se auto-amar e detectar os inimigos a uma boa distância, de maneira que ainda dê tempo de fugir. Mas, se descobrimos um padrão repetitivo, o trabalho será longo e difícil.

Já contei no *Não Te Devo Nada!* sobre a Neurose do Destino, nome dado por Freud a certas ocorrências repetitivas que aconteciam na vida das pessoas de forma "inconscientemente" controlada. Falei também que não concordo com a explicação freudiana para essa "neurose", pois não vejo como o Inconsciente individual possa ter poderes para arrastar outros seres na sua fabulação. Ele cita o exemplo de uma moça que ficou noiva por três vezes e cujos noivos morreram pouco antes do casamento. Por mais que me esforce, não consigo aceitar que o Inconsciente dessa "noiva negra" ou *quase* "viúva negra" tenha detectado noivos com data de validade vencida e se ligado a eles. Ou, então, que tenha (o Inconsciente) tido o poder de liquidar com esses pobres moços. Como? Por quê? Para quê? Não. Acredito que a explicação cármica seja bem menos fantasiosa. Precisamos da repetição para configurar um significado, uma mensagem, assim como as crianças que só obedecem quando repetimos várias vezes: "Não mexa aí, não mexa aí, não mexa aí." A repetição também causa um efeito hipnótico, mas principalmente pós-hipnótico. Isso significa que estímulos, mesmo que sutis mas repetitivos, podem, depois de algum tempo, gerar comportamentos que achamos normais, naturais, mas que são apenas efeito de uma causa hipnótica. Um dos exemplos mais comuns é o do menino que vê o pai bebendo e pede para beber também. O pai ou a mãe briga com ele e diz (repetidamente): "Criança não pode beber, só adulto!" Isso, na verdade, é uma mensagem, que é programada no nível subcortical do menino, e pode ser "entendida" da seguinte forma: "Quando você tiver alcançado a idade adulta, pode ou deve beber." É uma mensagem cheia de dubiedades, mas que pode ser a porta de entrada do alcoolismo.

As mensagens repetitivas nem sempre (na maioria das vezes não são) são verbais. Na verdade, são os comportamentos, as situações, os gestos que representam as mais fortes mensagens do formato padrão. Porém, essas mensagens, que geralmente são geradoras de comportamentos (estímulos pós-hipnóticos), são também fonte de informações sobre inclinações ainda mais antigas do indivíduo ou de seus programas-raízes. O menino do pai bebum deve ter tido uma relação mais antiga com esse pai (afinidades cármicas) e com a bebida, mas, se não tiver, pode até vir a beber que não se tornará um alcoólatra. A moça, a noivinha macabra, da página anterior, cujos noivos morriam antes do casório, deve ter tido uma ligação com a dobradinha amor/morte na sua infância ou em vida anterior com esses rapazes. Ela pode ter sido enfermeira em guerras e criado vínculos com soldados que logo depois morreriam ou algo assim. Portanto, os padrões, além de condicionantes poderosos da vida do indivíduo, são mapas onde se pode tentar observar essa vida e entender sua trajetória de forma mais abrangente e, a partir daí, mudar o esquema (se for o caso).

Lúcio era um ótimo rapaz. As amigas de sua mãe sempre suspiravam diante dele, dizendo que seria o genro que haviam fechado para suas filhas. Educado, simpático, prestativo, nunca se ouviu uma palavra áspera de sua boca. Embora não fosse um aluno brilhante, era querido de todos os colegas e professores, e sempre passava de ano com tranqüilidade, além de ajudar os menos capacitados.

Já na adolescência, Lúcio teve uma namorada, de quem gostou muito. Ela era de uma outra turma, mais descolada, filha de pais separados que não lhe davam muita atenção, e isso favoreceu sua personalidade mais, digamos, liberal para as questões de sexo e costumes. Como Lúcio era um líder nato, ela acabou se aproximando dele. E os dois começaram a namorar. Em pouco tempo, alguns comentários no colégio sugeriam que Kátia (esse era o nome dela) estava traindo Lúcio. Mas ninguém tinha coragem de contar nada a ele.

Aqueles eram os anos 60 e a liberdade sexual constituía um tabu. E Lúcio "respeitava" Kátia, significando que o namoro não chegava aos "finalmente" sexuais. E disso ele se orgulhava, de se conter e de preservar a sua garota. Então, um dia, chegou até ele uma carta anônima contando tudo com detalhes. O *tudo* no caso eram as escapadas de Kátia, as festinhas de arromba, como se chamavam naquela época, e até os nomes, locais e horários em que se davam as traições. Anos mais tarde, Lúcio conheceu outra moça. Aí o namoro já era mais sério e falava-se até numa possibilidade de casamento. Um dia ele chegou na casa da namorada e, como a porta estava aberta, foi entrando. Ouviu-a falando ao telefone e parou. Ela estava falando com o "outro", chorava e se desesperava, insistindo que o amava (parecia que ele estava querendo dar o fora nela). Algum tempo depois, Lúcio finalmente se casou com uma moça para quem a fidelidade era a virtude mais importante. E ela realmente deu demonstrações dessa convicção inúmeras vezes Não que conscientemente a traição fosse um fantasma na vida dele. Na verdade, ele nem mais se lembrava das antigas traições. Mas confessava aos amigos que realmente se sentia mais tranqüilo com uma mulher com valores morais tão firmes.

Alguns anos se passaram, o casamento ia bem, sem grandes oscilações, até que um dia pegou a sua mulher na cama com um amigo comum (coisas do tipo vôo cancelado, a volta à casa sem avisar para fazer uma surpresa à mulher; você entende, não?). O que isso está dizendo ao pobre Lúcio? Em primeiro lugar, que há um padrão. Mas, e o significado desse padrão? Será que isso quer dizer que está condenado a ser sempre traído pelas mulheres? Ou que não poderá ser feliz no amor? Talvez deva renunciar à sua heterossexualidade?

Não acredito nessas hipóteses simplistas, pois são fatalistas demais e não tocam o coração do problema. Se eu pudesse dizer algo ao Lúcio, diria: vamos procurar os fatores comuns nessas moças com quem você se relacionou. Vamos em seguida fazer um mapeamento, o mais completo e sincero possível, do seu comportamento sentimental durante a relação com as moças, inclusive sexual. Muitas vezes acontece de o indivíduo despertar a sexualidade nas mulheres e não ser capaz de ir além, e então elas se sentem motivadas a buscar em outros homens as promessas não cumpridas dos Lúcios da vida. Então descobrimos que uma das características marcantes do comportamento de Lúcio era a ausência de ciúmes. Mas isso é positivo, você não acha? Pois é, eu também, mas para uma certa cultura sentimental a ausência de ciúmes está no mesmo nível de *indesejabilidade* que o excesso de ciúmes. Muitas mulheres se sentem inseguras quando o parceiro não demonstra sentir ciúmes, muitas se sentem inferiorizadas e até mal amadas. Descobrimos que todas as parceiras que o traíram chegaram a manifestar pelo menos uma vez a sua estranheza diante daquele comportamento tão "inglês". Lúcio, que sempre demonstrou estar 1/8 acima da média do QE (Quociente Emocional), achava que a lógica era: "Para que ciúmes se ela está comigo? Sem que haja uma obrigação, não haja nenhum contrato e nenhum constrangimento, por que vou sentir ciúmes? Se ela resolver gostar de outro, que vá embora, não vou amarrá-la no pé da mesa."

Essa era a lógica tola de Lúcio, a lógica que abstrai a natureza humana, a cultura sentimental ocidental e subdesenvolvida. Lúcio precisará aprender que as relações humanas pouco se guiam pela lógica cartesiana. Claro que existe uma lógica, mas essa tem mais fatores emocionais, culturais, supersticiosos, simbólicos, religiosos, entre outros, do que o *pão, pão, queijo, queijo* ou o *é pau ou pedra* dos nossos avós. Esse padrão não só está querendo dizer para Lúcio que ele precisa entender mais profundamente os semitons das emoções humanas, mas que também precisa buscar as suas parceiras em outras águas mais profundas, onde talvez encontre mais afinidades. Também pode estar querendo dizer que Lúcio, ao "escolher" pessoas mais simples intelectualmente e portanto menos ameaçadoras (menos competidoras), estava fazendo uma aposta arriscada. É claro que ele não saía por aí com uma plaquinha no peito onde se lia: "Se você é uma garota sem muitas pretensões intelectuais, de alma e gostos simples, é você que estou procurando." Mas inconscientemente fazia exatamente isso. Dizia que não gostava de mulheres que discutiam muito ou que ficavam procurando "pêlo em ovo". As garotas mais simples que ele procurava carregavam na bagagem as suas complexidades, seus tabus, sua cultura sentimental, que em geral ia na contramão da sua. Assim, Lúcio precisaria mudar seus padrões internos se quisesse alterar os padrões externos, mas para isso precisaria saber quais eram esses padrões e aceitá-los como parte de si mesmo. Você só faz cirurgia plástica no nariz se achar que o **seu** nariz feio é seu.

Nem sempre os padrões se manifestam assim tão claramente. Mulheres que se ligam a homens problemáticos, que não obrigatoriamente vão traí-las ou feri-las física ou moralmente, também têm um padrão. Conheci uma mulher que se casou com um homem muito rico, mas era um polvo gigante. Seus tentáculos se espalhavam por tudo à sua volta, era extremamente egocêntrico, ultra-sovina, vivia reclamando que estava sem dinheiro, chegando a deixá-la passar vergonha com seus fornecedores e vizinhos. Generosidade era uma palavra que simplesmente não existia no seu dicionário de vida. Ela se separou desse marido, obviamente sem nada na sua conta. Anos depois conheceu um outro homem, desta vez mais pobre que ela (que já havia progredido um pouco). Parecia perfeito, desapegado das coisas materiais, honesto, sincero, bom filho. Mas com o tempo descobriu que era bom filho até demais. Tinha mãe, para quem iam todos os seus esforços e atenções, e o pouco de dinheiro que conseguia ganhar num emprego medíocre. "Minha mãe é muito doente. Ela não tem ninguém no mundo, só pode contar comigo." Era a frase com a qual ele protegia a sua relação doentia com a mãe. Estranhamente a tal mãe piorava sempre que ele estava para chegar em casa e não sossegou enquanto não viu a minha cliente fazer as malas e ir embora. Mas não acabou por aí. Outros surgiram, sempre escondendo na mão fechada atrás das costas uma "surpresinha".

Esse é um padrão do companheiro "pela metade", como se ela quisesse punir-se ou experimentar apenas uma parte do que deveria ter, por medo de não agüentar a taça cheia de amor e compromisso. Mas a coisa pode ser ainda mais complexa. Normalmente esses padrões de relacionamentos egoístas mostram que a própria pessoa também é ou foi egoísta, estabeleceu um mundo pequeno onde deveria ser o centro das atenções, mesmo que de forma masoquista. Inconscientemente os afins se buscam.

A simples descoberta da existência de um padrão específico já é um passo imenso. Como venho de uma relação complicada com um pai autoritário, percebi que me descontrolava toda vez que estava diante de alguém que fosse "parente" do meu pai, que também apresentava seu lado autoritário. Ao longo do tempo, fui mapeando os sintomas que se manifestavam nesses encontros. Minha voz oscilava de timbre, minha respiração ficava alterada, meu pensamento perdia toda a força e coerência. Em resumo, eu me infantilizava no duelo com meus pais circunstanciais. Quando percebi isso, minha primeira reação foi de me armar. "Agora sou adulto, e nenhum *filho-de-uma-égua* autoritário vai me apequenar." Segui o conselho de um personagem que vi num filme, de imaginar o pai autoritário sentado no vaso sanitário se espremendo numa prisão de ventre arretada ou, ao contrário, se esvaindo numa diarréia interminável. Nunca mais chamar ninguém de senhor ou de senhora (como eu tratava meu pai e minha mãe) foi outra providência interessante. Mas ainda não foi o pulo-do-gato.

O que mais me ajudou a quebrar esse padrão foi abandonar a ilusão de que o alvo da minha desprogramação era o outro. Hoje me parece óbvio, mas durante muito tempo não foi. Precisei aprender a não me infantilizar diante desses pseudopais (que podiam ser mulheres) autoritários, a crescer principalmente quando precisava tratar com eles e, mais principalmente ainda, quando eram eles que estavam em posição de força. O trabalho mais importante foi comigo mesmo, pois precisei me desprogramar desse papel, e assim tirava toda a chance de o outro desempenhar (pelo menos bem) o seu papel. Se me recuso a fazer o papel de condenado, o outro não conseguirá ser o carrasco, poderá ser no máximo um inimigo que irá executar um prisioneiro indefeso. Se não me sentir prisioneiro, libertarei o outro da ingrata tarefa de ser o carcereiro. Desista de mudar o outro, não vai conseguir.

Para quebrar os padrões, você precisa identificar qual o seu papel e então mudá-lo.

Quinze

O Mito de Adão e Eva

Hoje poucas pessoas que valham a pena conhecer ainda acreditam na história de Adão e Eva como um fato, como personagens da história da Humanidade. Até os padres mais conservadores já relutam em creditar a essa narrativa do Velho Testamento um caráter de verdade histórica. Mas, mesmo caindo na categoria de mito, essa poderosa fábula, contada e recontada há mais de 2.000 anos, fez o seu estrago no inconsciente coletivo (expressão junguiana). A idéia da culpa, de uma culpa etérica, primordial, por um ancestral (bota ancestral nisso) mitológico, ficou em muitas mentes profundas. O pecado original, a culpa e a expiação parecem estar no cerne das relações entre muitas mulheres e homens. Adão foi punido porque comeu da árvore do Conhecimento — mas como ele pôde ser punido se antes de comer não tinha o tal conhecimento ou discernimento?

Na mesma categoria entra a punição de Eva, castigada pela sua inocência, pela sua ingenuidade e, por que não dizer, pela sua ignorância das espertezas do mundo (a serpente) que era, na verdade, um paraíso sem maldade. Se era um paraíso onde não havia a maldade, nem a consciência do mal, de onde surgiu a venenosa serpente? E, se Eva era pura como a mais pura das crianças, como esperar dela a malícia, para se defender da insinuante rastejante? O que o Todo-Poderoso esperava? Obediência cega de crianças ingênuas e puras, tentadas por um animal que era um intruso nesse mundo ideal (nem tanto assim)? Será que Deus não conhecia tão bem assim as suas criaturas? Bem, deixemos essas perplexidades para o *divertissement* dos teólogos e exegetas, e vamos ao que interessa. Esse mítico triângulo amoroso (Adão, Eva e a cobra) existe até hoje dentro de cada um de nós e naturalmente se manifesta nas nossas relações interpessoais (nem sempre, nem todas). A ingenuidade fora de tempo e de espaço, a culpa, a tentação da queda e as vertigens quase orgásticas que os abismos despertam em alguns e o repasse da culpabilidade (o célebre tirar-o-seu-da-reta) estão nos nossos corações no dia-a-dia. Muitas vezes casamos com uma Eva, que nos atrai por sua ingenuidade, pela sua virgindade, pela sua disposição de ser mais do que Eva, de ser uma gueixa (na verdade, essa era a idéia de Deus: criar uma companheira para tirar o Homem primordial do seu tédio e, quem sabe, lavar-lhe a folha de parreira mais tarde). E pimba!

Essa mesma ingenuidade que nos atraiu e essa mesma disposição em nos servir serão usadas pelas "cobras" da vida para nos atingir. Por outro lado, as Evas que buscam Adãos para servir e amar, na saúde e na doença, na alegria e na tristeza e blablablá, acabam encontrando seres frágeis de caráter, incapazes de assumir as suas falhas e sempre dispostos a redirecionar o dedo acusador para a parte mais fraca, dizendo: "A culpa é dela, eu não sabia de nada. Entrei de gaiato nessa história etc., etc. Já a cobra... Bem, a cobra, como já desconfiavam os antigos, é a parte mais relevante dessa história. Sem ela não poderíamos crescer, sem ela viveríamos num paraíso de ignorância condenados à infantilidade eterna, apenas um brinquedinho dos deuses (Elohin). Não que estejamos em alguma posição muito melhor que isso, mas, ao contrário, há uma perspectiva. A cobra da sua vizinha, a cobra da sua sogra ou a cobra macho do seu cunhado, sócio ou "mui amigo" são a pimenta nos seus olhos que podem obrigá-lo a abri-los de verdade (ou fechá-los para sempre). As cobras fazem o seu papel de nos picar, espicaçar, para que possamos mexer os traseiros, constantemente buscando acomodação, ou um barranco para morrermos recostados. Muitas vezes, porém, a cobra é a face negra do Mal, mas poderia ser outro animal, como o macaco, o leão ou o carrapato. Cada um tem o animal que pode e que merece na sua vida. A cobra bíblica muitas vezes representa a tentação do abismo, a compulsão irresistível de flertar com o perigo, de se aproximar e até de dormir ao lado do inimigo. Mas, afinal de contas, a cobra é boa, pois nos instiga, ou é má, porque nos leva ao mau caminho? Vai depender de você, da sua leitura, da sua atitude existencial frente ao ataque da víbora. O veneno dela pode matar, aleijar ou curar você de uma ilusão ou de um sonho bobo.

Shakespeare ilustrou esse triângulo "amoroso", magistralmente em *Otelo*, *o Mouro de Veneza*. *Adão* era Otelo, um nobre mouro (árabe) que casou com uma jovem e linda italiana chamada Desdêmona (*Eva*). Yago (a *serpente*) era uma espécie de seu secretário particular, fiel lacaio, insignificante aos olhos do grande Otelo, como as cobras parecem ser, no seu eterno rastejar e se enrustir nas moitas. Incomodado com a felicidade de seu patrão, forjou uma intriga e plantou na cabeça (oca) do mouro a suspeita de traição de sua bela, branca e linda Desdêmona. Shakespeare, fenomenal conhecedor da alma humana, criou um Yago sutil, plantando pequenas ervas venenosas, de forma rasteira, insinuante e nunca direto, como dizia meu ex-advogado num neologismo interessante: "raposamente". O resultado é que um Otelo inseguro, embora poderoso, e ciumento (no fundo sempre achou que Desdêmona era areia demais para o seu caminhãozinho) sucumbe às venenosas futricas de Yago. É claro que, não suportando mais a dúvida e não sendo homem o bastante para interrogá-la diretamente, ele a matou para logo em seguida descobrir que tudo não passava de intriga-veneno.

Está posto o drama que conduz à tragédia! Uma mulher ingênua ou um homem (a referência sexual é apenas um dado) também ingênuo em busca de um muro de arrimo, de peitos (e costas) largos, poder e carisma, é a eterna Eva fadada a se equivocar na escolha, sempre míope pela sua cultura de dependência e infantilismo a comprar "gato por lebre". Um Adão (ou *uma* Adão), que se acha o "rei da cocada preta", mas que na realidade tira a sua autoridade do **pai poderoso** (Deus, o pai juiz de direito, o pai rei, o pai rico, o cargo, o status etc.), não passa de um menino mimado e egocêntrico, vulnerável às espertezas do mundo, pois ele mesmo é apenas um falso esperto. A cobra é a única que faz o seu papel de forma "honesta". Se as pessoas acham que ela é uma ovelha pacifista, uma sábia coruja do bem ou um fiel escudeiro, isso apenas se deve à miopia de cada um, que enxerga nos outros aquilo que quer (ou pode) ver e não a sua verdadeira face.

Assim, desse ponto de vista, é um erro achar que as cobras são o inimigo, mas sim o fator catalisador, diante do qual as nossas fragilidades se mostram justamente para correr o risco de deixarem de ser. Inimigos são as ilusões de poder, as infantilizações, as carências profundas disfarçadas por discursos bem articulados, as máscaras dos papéis sociais e culturais que nos impedem de conhecer e contatar a nossa verdadeira face.

Dicas para identificar *Eva*, *Adão* e a *Serpente* de plantão

Para identificar as Evas (dentro e fora de você), aí vão algumas pistas. Não devemos esquecer que, apesar de representarem um princípio feminino (inclusive e principalmente de base cultural), *elas* podem estar em homens.

1. Eva sente que nasceu para fazer **alguém** feliz (e isso não se refere obrigatoriamente a ela).
2. Nessa missão de vida sente que está pronta, não precisa se esforçar, nem melhorar, simplesmente nasceu assim completa. Vá entender os mistérios da vida!
3. Eva vive em função de seu projeto sentimental de vida. Tudo gira em torno de seu coração. Se está amando, a vida está boa, senão tudo vira pó.
4. Eva acha que para cumprir a sua missão tem de ter e demonstrar ciúmes, possessividade, ingenuidade, dependência e passividade diante de seus companheiros.
5. Mesmo se for independente, vai se auto-sabotar, ou seja, sabotar a sua capacidade de ser independente, para agradar o seu homem. Menosprezando-se, diminuindo-se, tentando fazer-se indispensável, criando dificuldades para apresentar facilidades, ela acha que está cumprindo a sua missão.
6. A verdadeira Eva, mesmo que seja uma ultra, hiperexperiente mulher, vai se tornar ingênua, uma aluna do primário (ou maternal) para poder receber os verdadeiros ensinamentos de seu mentor e companheiro Adão.
7. Mas Eva não tem sentimentos de raízes profundas. Como na história original, ela não resiste a uma boa cantada de qualquer serpente rasteira que apareça na sua frente.

Isso é principalmente verdade se o seu Adão tiver aprontado com ela ou estiver momentaneamente distante.

8. Como toda boa Eva que se preze, ao ser pilhada em flagrante delito se sai com essas pérolas: "Tudo que fiz, o fiz por amor. O senhor sabe, a gente não manda no coração." Ou "a maior vítima nessa história fui eu. Como fui ingênua..."

9. Evas só são enganadas por serpentes porque as têm dentro de si. Para atingirem seus fins, são capazes de mentir, fingir, simular gravidez, vender a virgindade, chantagear e fomentar intrigas de bastidores, mesmo que nunca tenham feito isso.

10. Para reconhecer uma Eva em plena atividade, busque uma pessoa que investe a maior parte de seu tempo em estratégias, manhas e artimanhas para atrair ou manter alguém ao seu lado.

Identificando o Adão

1. Adão em geral tem um pai poderoso. Isso é determinante para a formação de sua personalidade. Ou tentará imitar os trejeitos do pai (buscando seguir a máxima do *tal pai, tal filho*, ou, para ser mais contextualizado, vai agir como alguém criado à sua imagem e semelhança).

2. Isso vai ter conseqüências profundas na sua relação com o mundo, mas principalmente com as Evas. Já que todo o seu poder emana do pai, no fundo Adão é e vai ser sempre um meninão. Mimado, superprotegido, iludido acerca da real essência do mundo e das coisas mundanas, mas sempre se achando o máximo — em síntese, um malandro otário.

3. Mas, se não sabe que é um bobalhão, pelo menos tem uma intuição de que não é o dos mais espertos. Por isso, vai na do pai e procura uma Eva, que já foi Amélia e tantos outros nomes. Num nível não muito consciente, ele sabe que Eva não vai ameaçar a sua posição: o filho do *Homem* lá de cima também se engana, não é?

4. Pode-se dizer, em favor de Adão, que este não tem maldade, mas também não tem bondade, o que tem é uma mistura explosiva de ignorância e arrogância. Pior, pode até vir a dirigir as empresas do pai.

5. Na sua relação com Eva, essas duas qualidades se revezam no tratamento da parceira. Ele não a escuta, mesmo quando ela fala de si, de seus sentimentos, e quando a escuta não entende e quando entende não a leva em consideração. "Coisas de Eva", diz com meio sorriso resignado.

6. Em constante transe pós-hipnótico, Adão não percebe os movimentos sutis (e às vezes mesmo os ostensivos) à sua volta. Não vê a aproximação da serpente, nem a influência dessa sobre o comportamento da sua companheira. Afinal, tem assuntos mais importantes no paraíso para se preocupar (e também não existe aquela história de que seu pai todo-poderoso estará zelando por tudo mesmo enquanto ele dorme?).

7. Como Adão é filho único, desenvolveu um forte egocentrismo e não se acostumou a conviver (e a lidar) com os contraditórios. Só tolera discussão quando ele fala e o outro (a montanha, a árvore, Eva, a nuvem, o caramujo) escuta. Fora disso, discussão, debate, polêmica estão fora de questão. Nas poucas vezes que Eva ousou abrir-se com ele, ouviu a seguinte reprovação: "Poupe-me de seus comentários. Aqui nessa casa (nesse paraíso) não se fala nesses assuntos." Mal sabia ele que ali estava construindo a sua (nossa) ruína, criando a mentira, a dissimulação, a traição.

8. Adão, em geral, aparenta ser forte, confiante (afinal, com um pai desses, quem não seria?), mas basta um arranhão no seu esquema de vida para ir buscar a sua chupeta, suar nas mãos ou gaguejar. Quando o tempo fecha no paraíso, o céu fica enegrecido com nuvens carregadas e os raios rabiscando o ar, ele entra em pânico e grita: "Não fui eu, pai, desta vez não fui eu, juro que não fiz nada. Sou inocente. Deve ter sido ela, a Eva, que vive aprontando."

9. No fundo, no fundo, Adão nutre uma certa mágoa, eu diria até um rancor para com Eva, por ela ter sido escolhida **pelo seu pai**. Não que ele esteja contestando o todo-poderoso chefão, mas talvez não fosse exatamente isso que ele escolheria se tivesse o livre-arbítrio. No fundo, no fundo, se pudesse escolher outra costela, iria preferir uma mais sensual, mas safadinha, e ao mesmo tempo mais classuda, mais *lady*. Uma pitada de atitude maternal ajudaria também, uma vez que ele (Adão) não conheceu sua mãe e sente um pouco de falta de colo, de mamar no peito, essas coisas.

10. Mesmo vivendo no paraíso, Adão não está totalmente à vontade, ele tem medo. Medo de perder tudo isso, medo de ter um calcanhar-de-aquiles e por essa brecha entrar uma flecha. O medo de perder esse tudo de bom é um espinho que constantemente incomoda e a cada dia se torna uma infecção maior, maior. Até que um dia...

Identificando a serpente

1. A serpente é uma solitária. Mesmo casada ou casado, sente-se só, jogada às traças, condenada a algum tipo de pena da qual jura que é inocente.

2. Exilada ou sentindo-se exilada, passa muito tempo pensando e naturalmente pensando besteira. Pensa sempre

em ser quem não é, ora fantasia uma realidade que julga ser muito melhor que a sua (por exemplo, imagina-se uma centopéia — "com todos aqueles pés eu seria campeã de corridas" —, suspira), ora fantasia-se tão poderosa a ponto de destruir a vida do outro que julga ser melhor que a sua. ("Um dia vou criar uma armadilha para prender todos os pés de todas as centopéias do mundo. Aí elas vão ver o que é bom andar rastejando sobre a própria barriga.")

3. Para a serpente a grama do vizinho é sempre mais verde, e enquanto perde tempo analisando as premissas filosóficas e teológicas dessa brilhante constatação esquece-se de regar o seu gramado, que finalmente fica menos verde do que o do vizinho, para sua alegria mórbida.

4. Todos sabemos que as serpentes têm péssima visão, porém possuem um radar (térmico) poderoso que detecta o grau de satisfação das suas amigas: se não estão mais infelizes e rastejantes que ela, mas pelo menos têm potencial para tal, ela vai contribuir fortemente para que esse potencial se realize.

5. Serpentes são boas amigas e solidárias principalmente no câncer ou nas grandes tragédias pessoais. Ninguém chora mais que elas diante de um infortúnio alheio. Ninguém percebe uma desdita com mais antecedência que ela, que faz questão de anunciar (para dar uma força, tipo profecia auto-realizável) ao mundo.

6. Por outro lado, demonstrações explícitas de felicidade ou até de normalidade a incomodam profundamente, até a ofendem. ("Está tudo bem, mesmo? A quem você quer enganar? Vejo no fundo dos seus olhos uma sombra. Pode se abrir comigo. Sabe que pode confiar em mim; sou sua amiga, viu?")

7. Serpentes detestam outras serpentes por perto. A concorrência as apavora. Buscam sempre detonar suas iguais, no que prestam um grande serviço. Um amigo meu

importou uma espécie da Índia para caçar e destruir as demais cobras que infestavam a sua propriedade. E elas fizeram seu trabalho direitinho — depois foram mortas.

8. Ao contrário da crença popular, serpentes não morrem do próprio veneno (são auto-imunes), mas sim de rajadas de sinceridade, amor, generosidade, desprendimento, honestidade, alegria, espontaneidade, lealdade, verdade, coragem para encarar a vida etc. A isso não resistem.

9. Já falei que são invejosas? Mas não é uma inveja qualquer, têm inveja até das desventuras de suas amigas. Freqüentemente são flagradas discutindo com elas que o seu desastre foi o maior, que o erro médico delas foi muito mais errado que o da amiga da prima, e por aí vai. Na verdade, trata-se de uma inveja competitiva, insaciável. **Doente** caberia aqui?

10. Acima de tudo, como todas as criaturas de Deus, as serpentes têm um papel IMPORTANTÍSSIMO na seleção natural. Elas estão aqui para nos colocar à prova. São o ácido que testa se somos de ouro genuíno ou de "*ourina*". As serpentes são a faca afiada do mundo, pois se passarmos por elas e sairmos inteiros é porque somos GENTE, senão... iremos pela vida afora *com os sofrimentos de nossa gravidez multiplicados sobremaneira, dando à luz em meio a dores, tendo o nosso desejo apenas para o nosso marido, e ele nos governará. E obteremos o nosso sustento na terra maldita com fadigas durante todos os dias de nossas vidas*".*

* Adaptado por minha conta e risco do Gênesis (3:16,17).

Dezesseis

Inimigos do Mesmo Sangue

Já que estávamos falando do mito bíblico de Adão e Eva, vamos aproveitar a deixa e seguir essa família arquetípica, falando da trágica história de seus filhos Caim e Abel. Com esse mito primordial, o Antigo Testamento desejava, como muitos outros mitos da criação (com finalidades moralizantes e "educativas") de outras culturas, colocar na mesa não uma *História* real, pois sabidamente é mítica, mas uma história real no sentido de expressar de forma exemplar o que Jung chamou de humano genérico. Na verdade, bastaria à Bíblia contar a história de Adão, Eva e a serpente, sua relação com Deus e a sua descendência com Caim e Abel para termos uma fábula altamente "edificante", "educativa" e ilustrativa do ser humano, assim como de suas maiores apreensões, seus maiores medos e suas maiores virtudes. E todo o resto poderia ser dispensado, pois seria redundante. No caso dos irmãos Caim e Abel, o que motivou o fratricídio foi a inveja, temperada com um pouco de despeito, porém motivada por uma competitividade estimulada lá dos escalões superiores, que acabaram influenciando certas linhas de administração empresarial, para quem dividir é a melhor maneira de governar. Daí que nós, pais, devemos aprender essa lição: toda comparação é odiosa, principalmente se for feita entre irmãos. Diz a Bíblia: "*Abel foi pastor de ovelhas, e Caim, lavrador (Gênesis, 4,2). Aconteceu que, no fim de uns tempos, trouxe Caim do fruto da terra uns frutos para o Senhor (Gênesis, 4,3). Abel, por sua vez, trouxe das primícias de seu rebanho e da gordura deste. Agradou-se o Senhor de Abel e de sua oferta (Gênesis, 4,4). Ao passo que de Caim e de sua oferta não se lhe agradou. Irou-se, pois, sobremaneira Caim, e descaiu-lhe o semblante (Gênesis, 4,5). Então lhe disse o Senhor: 'Por que andas irado e por que descai o teu semblante?' (Gênesis, 4,6). Se procederes bem, não é certo que serás aceito? Se, todavia, procederes mal, eis que o pecado jaz à porta; o teu desejo será contra ti, mas a ti cumpre dominá-lo (Gênesis, 4,7).*

O resto vocês já sabem: Caim armou uma cilada para o irmão e o matou. De lá para cá, esse texto já foi reencenado incontáveis vezes com outros atores no papel de Caim e Abel. Mais incontáveis ainda foram as vezes em que a mágoa não apertou o gatilho, mas destilou seu veneno lentamente até produzir o câncer, e aí, sim, fazer o serviço.

Pela quantidade de mitos envolvendo inimigos familiares existentes em todas as culturas, parece que a coisa é tão antiga quanto universal. Quem não se lembra do mito fundador da mitologia egípcia, em que o deus Osíris, amado e venerado pelo povo por suas ações benéficas, convidado por seu invejoso irmão Seth para um banquete, foi covardemente assassinado? Filhos que matam seus pais (um ou os dois de uma vez) não são comuns só nos noticiários dos jornais, mas nas mitologias também. Como dizia o brilhante mitólogo Joseph Campbell, "classificar o mito como sinônimo de mentira é a maior mentira, pois ele (o mito) apenas reflete alegoricamente a essência do comportamento humano". Se estivesse vivo, diria: "Não se cria alguma coisa do nada." Portanto, nada mais humano que ter um inimigo morando, não ao lado, mas dentro de casa, e, o pior, sem poder ser despejado (quer dizer, mais ou menos).

O que fazer quando o inimigo está dentro da família, tem o mesmo sangue e o mesmo sobrenome? Vamos mais fundo ainda: como explicar que antagonistas tão viscerais possam vir de uma mesma fonte e partilhar da mesma herança genética? Faça essa pergunta a seu terapeuta só para observar-lhe o incômodo. Se ele for do tipo afoito, tentará responder. Na certa, vai dar piruetas conceituais, citar Melaine Klein ou Lacan, ou, se for mais modesto, o Gaiarsa, e acabará se enrolando todo. No entanto, se for do tipo malandro, com vinte anos de praia, devolverá a pergunta com ares de sabedoria desenxabida.

Quisera eu ter as respostas apropriadas a essas questões tão fundamentais da nossa existência. Mas não tenho a chave do cofre, e por isso mesmo me sinto livre para especular, como qualquer um, sem medo de errar, pois não sou obrigado a acertar. Mas, antes de me lançar nessa aventura, preciso alertar para um presta-atenção. Recentemente, um amigo me contou, à guisa de *feed back* para meu próprio crescimento profissional, que uma cliente minha (sua amiga), que havia vindo pela primeira vez se consultar, confidenciou-lhe que estava adorando a sessão até o momento em que cometi um deslize imperdoável. "O que *que* eu fiz?", perguntei, já meio paranóico, achando que teria de me haver com denúncias vazias de coisas que não fizera. "Ela disse que você começou a falar de reencarnação, carma, essas coisas, sem perguntar se ela acreditava em tais teorias. Acontece que ela é católica fervorosa, a família toda é católica praticante e tem até uma capela dentro da casa." Passados o primeiro segundo e meio de alívio e o segundo segundo e meio de raiva, caí em mim e assimilei o golpe. Claro, eu havia errado, transgredira o princípio básico do respeito à crença e às limitações do outro. Comumente esclareço minha linha de pensamento e alerto a pessoa que tiver crenças que renegam ou desconhecem essas teorias para que sempre que eu mencionar a palavra *carma* ou reencarnação que deixe qualquer comentário a respeito entrar por um ouvido e sair pelo outro. Que entenda como herança genética ou algo assemelhado. Mas como cada vez mais sou conhecido justamente por essa visão de mundo, e as pessoas que me procuram sabem o que vão encontrar, acabei me distraindo. Justamente com uma pessoa que vive a sua crença, que coincidentemente se construiu desabilitando a minha.

Todo esse preâmbulo para dizer isso: cuidado com o que vou falar nas próximas linhas. Atenção, pessoas religiosas (judaísmo, cristianismo e islamismo) que incautamente estiverem lendo esse livro. Vou expressar conteúdo de teor (aparentemente) incompatível, condenável em suas religiões; portanto, desaconselhável a seguidores das Escrituras. Assim, sugiro que pulem esse capítulo, troquem de canal ou... mudem de religião.

Mas antes de evocarmos as explicações metafísicas (esse nome me causa arrepios) vamos a alguns casos reais, muito ilustrativos:

Há muitos anos convivi com um casal magnífico. Poucas vezes vira tamanha harmonia, uma verdadeira sintonia entre marido e mulher, que mais tarde se irradiou pelos três filhos. Viviam bem e sem grandes marolas, até que o pai do marido morreu e deixou a viúva, sozinha e fragilizada, morando longe, em outro Estado. A família se reuniu e resolveu trazer a mãe, sogra e avó para morar com eles. Desde o primeiro dia em que a velha senhora pisou na casa do filho, começaram os problemas. Ela implicou com o quarto (do qual um dos meninos foi desalojado e não reclamou), com os amigos barulhentos dos seus netos e, por fim, com a comida e com a empregada. Em poucas semanas estava criando caso de cinco em cinco minutos. A paciência e até um senso de humor que a família demonstrava no início, pois haviam se preparado para esse difícil recomeço, foram se esgotando. Aos poucos todos arranjavam mais e mais pretextos para passar o máximo de tempo fora de casa a fim de não ter de encarar a "velha". Como ficava muito só, ela encarnou na empregada e a "envenenou" contra a família. Resultado: uma auxiliar com mais de dez anos de casa demitiu-se. Isso só gerou mais rancor e mal-estar por parte de todos. Porém, num episódio em que expulsou de casa, com fúria, os amigos dos meninos, o copo d'água transbordou.

Pela primeira vez, desde o início do casamento, houve uma briga entre o casal, e a mulher lançou o indefectível: ou ela, ou eu. Para o filho da *serpente*, toda vez que se preparava para repreendê-la, ela ficava mal, dizia que sentia a vida indo embora, que ia deixar esse ou aquele bem para ele; enfim, a velha e boa chantagem sentimental. Mas agora a coisa tinha ido longe demais, a harmonia familiar fora *pras cucuias*, as finanças também estavam se deteriorando, uma vez que nem trabalhar direito eles podiam, e a casa, que antes era um paraíso, virou um inferno. Quando a nora da *serpente* veio me consultar, o diagnóstico foi rápido e inquestionável: coloquem a velha senhora numa casa para idosos — hoje, se possível. "Mas, e se...", ela ainda tentou alguns *mas*, outros *poréns* e meia dúzia de *todavias.* Eu sabia que ela estava em busca de uma solução mágica, tipo omelete sem quebrar os ovos. Mas isso não existe. Ela não seguiu (ou não conseguiu seguir) o meu conselho. Dois meses depois retornou acompanhada do marido e do filho. Novidades? "Sim, ela (a velha) tentou ferir um dos meninos com uma faca de cozinha. Agora basta, chega. O que o senhor nos aconselha?" Não respondi, apenas olhei sorrindo para os dois que, em silêncio, compreenderam a mensagem meio óbvia. Estavam diante de uma inimiga implacável, numa guerra declarada unilateralmente. Agora era preciso contra-atacar. Estavam diante de alguém que, além de subverter totalmente a relação arquetípica (pelo menos no que se refere ao filho e aos netos), onde o que se espera do seu papel é outro tipo de comportamento, era uma ameaça real à segurança de todos e dela mesma, é claro. O casal saiu dali e foi direto procurar a tal casa de repouso ("a melhor que o meu dinheiro pode pagar", disse ele, tentando se justificar diante de mim; na verdade, de si mesmo).

Uma outra cliente me procurou com o seguinte drama: tinha duas filhas com síndrome de Down já adultas, mas sempre necessitando de cuidados, e um menino, mais jovem e aparentemente saudável. Viviam bem, até a morte do esposo. Em poucos anos, sozinha e sem muita experiência, foi dilapidando o patrimônio construído pelo marido. Nesse meio-tempo, o menino se tornou adolescente, forte, sarado, sempre nas academias e... transformou-se num tirano. Talvez envolvido com drogas ou outra coisa parecida, ele só se importava com dinheiro, não ajudava a mãe em nada no cuidado com as irmãs e aos poucos foi se tornando hostil, agressivo e só sossegava se lhe dessem dinheiro, que estava cada vez mais curto. A pobre mãe me contou que chegara a um ponto onde se sentia seqüestrada pelo seu próprio filho em sua própria casa. Quebrava coisas e ameaçava as irmãs, que haviam arranjado um "emprego" para ajudar a mãe a saciar o apetite voraz do jovem. Três mulheres, uma idosa, cansada de guerra, e duas jovens desapetrechadas para lidar com essas vicissitudes da vida. Era seu filho, mas agia pior que um estranho hostil. Mesmo se tivesse graves acusações contra ela, por tê-lo deixado de lado para dar atenção às filhas ou qualquer outra justificativa para o seu comportamento covarde, isso não explicaria essa subversão dos papéis esperados de um filho e irmão, ou de um jovem para com uma senhora idosa e duas mulheres incapazes de se defender. O que fazer? Como entender esse tipo de comportamento? Como entender que pais maltratem e até torturem filhos ou que filhos sejam capazes de assassinar seus pais por serem contra o seu relacionamento amoroso?

Diferentemente dos inimigos sentimentais que chegam na nossa vida chamados ou pelo menos autorizados por nós, os inimigos do mesmo sangue são brindes compulsórios impingidos pela vida ou, se preferirem, por Deus.

Dezessete

O Segredo Está (pelo menos em parte) no Passado

Um cliente que me procurou no início da década de 90 me deu as pistas de que precisava para desenvolver a teoria que uso para orientar minha prática. Era um gerente de banco que chegou a diretor. Sua trajetória de sucesso na instituição começou a declinar quando dores de cabeça terríveis irrompiam do nada e inviabilizavam o seu dia-a-dia. "Era insuportável, parecia que a minha cabeça ia literalmente estourar. Tinha que tomar doses tão grandes de analgésico que não conseguia me concentrar no trabalho. Reuniões importantes tinham de ser interrompidas em função desse mal-estar. Naturalmente isso significou perda de prestígio, assim como fui perdendo posições no banco." Mas, ao mesmo tempo em que essas dores apareceram, seu irmão ficou em situação difícil e pediu-lhe para que fosse seu fiador em um empreendimento. O negócio faliu e ele teve que arcar com uma montanha de dívidas, já que o irmão estava quebrado. Imaginem a situação. Imaginem a pressão que esse homem estava recebendo em sua casa pela mulher e filhos, sofrendo todos com a situação e vendo o seu patrimônio indo para o brejo. Quando fui investigar a origem daquele drama, descobri que, numa vida anterior, ele e o irmão haviam sido antagonistas, e ele (pelo menos na leitura do irmão) havia levado a melhor, o que gerou uma "sombra" (no sentido junguiano) no irmão — a sombra do rancor e da vingança. Qual não foi a minha surpresa quando ele (também surpreso) declarou ter buscado ajuda em dezenas de especialistas em áreas diversas, inclusive em TVP (Terapia de Vidas Passadas). Essa terapia revelou: "Que, na vida anterior, ele e o irmão se apaixonaram pela mesma mulher e resolveram, em vez de tirar a mulher no palitinho, ir a um duelo a bala. Na troca de tiros ele feriu mortalmente o irmão, mas recebeu um balaço na cabeça, que não o matou, mas o obrigou a viver com o chumbo alojado no seu crânio pelo resto da vida, sofrendo dores atrozes, como "benefício" complementar.

Assim se explicavam a rivalidade entre eles (os irmãos), mesmo disfarçada, e o desejo inconsciente de seu irmão de prejudicá-lo de alguma forma, como uma espécie de reparação por danos sofridos na vida passada (perdeu a vida e a mulher).

Sei que para as mentes mais céticas (e, acredite, sou uma dessas) isso parece história da carochinha, uma fantasia. As teorias do Inconsciente freudiano também pareceram dessa forma para muitos luminares de sua época (e até hoje há os que não engolem a possibilidade de o Inconsciente ser uma força dinâmica). Você pode provar essa teoria, Roberto? Claro que não, nem tenho a pretensão de convencer ninguém disso. Meu trabalho e minha experiência são suficientes para mim, mas talvez não para você. Mas essa é uma hipótese; mais uma em meio a tantas. Não podemos esquecer que estamos navegando em águas complexas, profundas e revoltas do comportamento humano, e, assim como eu, existem exércitos de "cérebros" buscando explicações para dilemas tão intrigantes, tão desafiadores. Conseguimos entender a mecânica dos Quanta, já estamos indo a Saturno, viajamos dentro do corpo humano, mas não chegamos nem perto da compreensão do porquê de uma filha ser capaz de esmagar a cabeça da mãe que sempre a tratou com carinho.

De minha parte, acredito cada vez mais que a resposta deve ser buscada em *scripts* encenados na vida passada, mas deixam pistas para serem rastreadas nessa atual. Não acredito que haja uma absoluta falta de sentido na vida e nas relações entre as pessoas. Por mais difícil que seja entender uma situação ou perceber-lhe a "lógica", isso se deve mais à nossa limitação perceptiva do que à ausência de sentido da ação. Como parece ter dito Einstein: "Deus não joga dados", ou seja, nada na construção do Universo é casual, o caos caminha para a ordem, mas no caos já existe a semente ou o mapa da ordem.

Mas suponhamos que você aceite ou já partilhe comigo da minha crença na "linha do tempo". É perfeitamente compreensível que pergunte meio irritado: "Tudo bem, concordamos com os programas trazidos de vida passada, e daí? O que fazer com essa informação? Para onde vamos, agora que aceitei a sua tese?"

Se eu dissesse para você que isso resolve tudo, soluciona todos os problemas e decifra os enigmas do comportamento humano, você acreditaria em mim? Não? Claro que não, você não é idiota. Mas, como toda informação relevante, trata-se de um começo.

Quando o meu cliente soube, por meio da TVP, da história passional envolvendo ele e o irmão, confirmada por mim, a primeira coisa que aconteceu foi um certo alívio. Como todos nós, seres racionais, ele também sofria duplamente: pela coisa em si e pela perplexidade, a dor do grande ponto-de-interrogação que massacrava a sua cabeça racional, atormentando-o com o mantra obsessivo: "Por quê? Por quê? Por quê?" Assim como ele, todos nós, atropelados por instâncias incompreensíveis do destino, sofremos, antes de mais nada, porque depois de vasculhar todo o nosso (*pequenino*) acervo de informações não achamos nada que confira sentido àquilo. "Faz sentido!" é o que costumo ouvir. As pessoas finalmente admitem com um sorriso que, se não é de consolo, é de alívio terem agora um ponto de partida.

Sabendo que ambos, ele e o irmão, são vítimas de *scripts* que jaziam no Inconsciente, escritos há muito tempo, tanto que eles (seus egos atuais) nem eram nascidos, deveria ficar mais fácil lidar com a trama. Para alguns isso não faz sentido, principalmente quando esbarram na mecânica dessa transmissão de dados. Mas, para os mais cientificistas, posso dizer que uma hipótese seria a transmissão desses programas através não do DNA, mas de suas ordens combinatórias, embora eu mesmo acredite em outra coisa menos palpável.

E, depois, qual será o próximo passo? Antes de irmos para o próximo passo, é preciso entender que esses programas mais pesados, herdados, só o são porque ficam impressos de forma profunda no nosso corpo mental-emocional. E só são impressas duas formas de programa: as que **se repetem** e formam um **padrão** e aquelas que são fortemente impactantes (às vezes, as duas se cumulam). O mais importante é entender que são as emoções fortes, os amores, os ódios, os rancores, as situações inconclusas, os débitos etc. que imprimem os programas. As identificações com os papéis (do pai, do patrão, da amante, da vítima, do algoz etc.) são contribuições fundamentais para a fixação das emoções-programa. Volto a insistir num tema sempre muito polêmico: o carma não tem uma base moral ou moralizante. Se um indivíduo assassina outro, ele não tem de pagar por esse crime diante de um tribunal espiritual. Vai "pagar" caso esse crime lhe gere algum sentimento que o vincule à vítima, como remorso, arrependimento, culpa etc. Porém, a identificação dele (do assassino) com esse papel pode fazer com fique prisioneiro desse *script* e constele à sua volta toda a série de personagens que esse microdrama pede: suas vítimas diretas, os vingadores dessas vítimas, os agentes da "lei", seus perseguidores, e por aí vai.

Esse universo complexo de atores de um drama arquetípico é que pode se constituir no seu inferno particular, com a sensação de estar sendo punido pelo seu delito. Da mesma forma que o avarento vive atormentado pelos fantasmas dos saqueadores da sua fortuna e vive a paranóia de ser privado do seu rico dinheirinho, o traidor vive igualmente atormentado pelos fantasmas daqueles que traiu, sempre achando que o alcançaram para justiçá-lo, pois tudo se passa na mente individual. Essa é, em síntese, a beleza da Justiça Divina.

Só à guisa de exemplo: um programa de jogador se imprime pela repetição da compulsão em jogar, perder, tentar recuperar e em ganhar e tentar continuar ganhando. Já o programa de suicídio se imprime pelo forte impacto que tem nas diversas camadas do ser, sendo o arrependimento o mais determinante.

Quando nos deparamos com um programa de forte impacto (agudo), o tratamento deverá ser proporcional, lidar com o emocional também, usar talvez o concurso de drogas, terapias (comportamental de preferência) e outros recursos, sempre buscando desmontar e apagando, o mais rápido possível, o programa indesejado. Se, por outro lado, o programa for repetitivo, ou seja, formar um padrão (crônico), o tratamento deverá ser longo, visando identificar as manifestações do programa, o que se configura em gatilho para ele, e tentar desmontá-lo. O exemplo disso é o tratamento de alcoolismo preconizado pelos Alcoólicos Anônimos (AA), em que a cada dia é reforçado o compromisso de não beber naquele dia. A hipnose pode ser de grande serventia quando estamos diante de um programa de forte impacto (agudo). A própria TVP e outras técnicas assemelhadas usam o transe, no qual o indivíduo revive a história original, só que desta vez "reescrevendo" o final ou simplesmente apagando essa memória de seu "disco rígido". Mesmo tendo programas diádicos, ou seja, que envolvem duas pessoas, tais como marido e mulher, pai e filho, entre outras, é possível (não quer dizer que seja fácil ou garantido) desmontar essas armadilhas, quando se sabe como e por que foram montadas.

Obviamente, esse conhecimento já nada adianta para os pais que foram assassinados, em sua cama, pela filha e seu namorado. Mas pode servir para outros tantos que vivem essas reencenações de dramas ou tragicomédias.

Mas como agir se não dispusermos de alguém com *expertize* para desvendar esses mistérios? Como saber se estamos diante de um desses *scripts*? Apesar de ser uma estrada cheia de neblina, elaborei algumas dicas que facilitam o reconhecimento desses programas, embora essa lista esteja longe de esgotar as possibilidades.

Evidências de *script* herdado de outra existência:

1. A pessoa que acabou de conhecer lhe parece muito familiar, muito longamente conhecida, mesmo que tenha falado com ela duas ou três horas.
2. A pessoa que você conheceu na infância, ou na juventude, volta à sua vida através de uma cadeia de "coincidências".
3. Por mais que você saiba racionalmente que aquilo ou aquela relação não é boa, que não lhe trará bons frutos, você se sente irrefreavelmente atraído(a) para ela.
4. Há, na relação, uma subversão radical dos papéis sociais esperados: a mãe odeia o filho, um irmão busca a todo custo destruir ou prejudicar o outro (sem um motivo aparente), o pai não consegue aceitar a filha (ou o filho) e nutre por ele (ou ela) um sentimento destrutivo. Esses *scripts* podem ser expandidos para as relações doentias e mórbidas que às vezes se estabelecem entre marido e mulher. No entanto, não conseguem se separar ou, quando isso acontece, é com desfecho estampado nas páginas policiais.
5. Relações que, em princípio, parecem intensas se mostram breves, como se viessem apenas para concluir uma história que ficou em aberto.
6. Relações/situações do tipo "beco sem saída". Tão intrincadas, que são como certos tumores que não podem ser operados, pois se ramificaram em outros tecidos nobres, e para extirpá-los seria necessário atingir os tecidos de forma letal. Observamos muito essas situações em novelas, nas quais a protagonista é obrigada a renunciar ao seu amor,

senão a vilã revela um segredo que pode levar o pai do seu amado à prisão, e naturalmente ele ama demais o pai etc.

7. Pessoas que entram na sua vida pela porta dos fundos (apresentadas por alguém que pouco conhecemos ou surgidas numa festa em que fomos por "acidente") provocam um verdadeiro desmanche e depois somem pelo mesmo buraco de onde vieram. E nossa vida nunca mais será a mesma.

Situações que se repetem na nossa vida são, em sua imensa maioria, padrões herdados. Nem sempre é fácil entender-lhes o sentido, sua mensagem oculta, mas devemos tentar. Pelo menos, se esse padrão for negativo, é fundamental buscar de todas as formas desmanchá-lo, evitando incorrer nos mesmos procedimentos que levaram a ele.

Há certos becos sem saída que esgotam as nossas limitadas possibilidades de ação. Porém, durante todo o tempo, o componente espiritual esteve presente. Como sou daqueles que acreditam na atuação constante do mundo espiritual nas nossas vidas físicas, sugiro que se busque também uma intervenção espiritual. Como fazer? Orar com fé, render-se à divindade, aceitar a sua impotência diante de obstáculos que estão acima de nossas forças e, com humildade, dirigir-se à Divindade em busca de esclarecimento e ajuda.

Dezoito

Aceitar o "Destino" e Lutar Sempre para Melhorar

Nem sempre de inimigos ostensivos se faz o *script* do "inimigo do mesmo sangue". Há alguns anos tive uma empregada, gente simples do interior do Paraná, que veio para a cidade grande em busca de uma vida melhor. Aos poucos fui conhecendo a sua história. Fazia parte de uma família de pequenos agricultores. Tinham a sua terra, o seu trator, plantavam e criavam alguns animais, e viviam uma vida dura, mas absolutamente natural para eles. O marido era um sujeito grandalhão, valente e autoritário, meio ignorante, machista e centralizador. Tinham uma penca de filhos pequenos, todos com menos de dez anos. Um belo dia ele teve um sério acidente vascular cerebral (AVC). Perdeu os movimentos dos membros inferiores e superiores, virou um enorme vegetal, que mal conseguia fazer sozinho suas necessidades fisiológicas. Sem saber como lidar com essa situação, sua mulher analfabeta, filhos pequenos e os parentes distantes, desconhecendo como gerir os negócios da fazenda (o marido era o rei poderoso que sabia e fazia tudo), foram enganados pelos abutres aproveitadores e acabaram perdendo as terras, a casa, o dinheiro... quase tudo.

O último recurso foi migrar para a cidade grande com o pouco que restou e instalar-se numa posse, sem água, esgoto, asfalto, além das piores condições possíveis. Ela se tornou empregada doméstica. Um filho, ainda menor, conseguiu um subemprego, e as filhas de 7 e 8 anos ficavam em casa para cuidar do pai ou pelo menos do que sobrara dele, tarefa que nem consigo imaginar como era desempenhada, pois ele, um homenzarrão, com a doença e a imobilidade acabara engordando ainda mais, chegando à casa dos 120 quilos quando o conheci. Não há defesa prévia possível contra esse tipo de armadilha do destino. A própria ignorância e as precárias condições sociais do lugar completam um quadro de beco sem saída irretocável. O que fazer então em casos assim?

O que vou dizer pode parecer óbvio, e é, mas muita gente desiste diante de desmontes desse tipo. Lutar, buscar saídas dentro da sociedade, usar todos os recursos, violar o lacre dos antigos costumes, dos antigos temores, das antigas regras. Entender que a vida declarou guerra, e na guerra certas regras anteriores não valem mais, e é preciso ser ousado e criativo. No caso em questão, deixar que duas meninas cuidem de um adulto sem as mínimas condições de fazê-lo é uma péssima escolha ou falta dela. Sempre existem instituições que estão, por pior que sejam, mais bem aparelhadas para fazê-lo. Usar os meios de comunicação em busca de ajuda, chamar de alguma forma a atenção da sociedade civil para o problema, bater na porta das instituições religiosas, procurar os políticos, ameaçar se atirar do alto de um prédio, ou seja, é preciso contra-atacar. Principalmente: é preciso salvar os que restaram inteiros e não deixar que um indivíduo doente arraste o resto da tribo.

Acabei de receber um *e-mail* de uma mulher contando um caso semelhante. Ela e o marido são profissionais liberais, estavam deprimidos e paralisados, pois a doença da mãe dela, além de lhes sugar os poucos recursos, ocupa-os por muito tempo, dificultando o exercício da profissão. Ela me pareceu muito "cansada", daquele tipo de cansaço perigoso que precede a desistência. Pior que a situação em si é não ver perspectiva. Ainda não respondi para essa pessoa, mas sei que vou tentar acordá-la desse transe e mostrar que sempre há saída, a não ser que o seu arsenal de recursos não contemple a via espiritual. Aí, sim, se as suas armas são apenas as fornecidas pelo estoque de recursos materialistas, lidar com essas situações-limite torna-se bastante complicado.

Uma doença grave de um familiar muito próximo, seja ela física ou mental, numa sociedade pouco desenvolvida para lidar com seus membros fragilizados, é sempre uma armadilha do "destino". Drena recursos financeiros, energias emocional e física e, muitas vezes, cria a dissolução dos vínculos familiares, quando um dos membros não suporta a carga e foge à luta. Essa situação geralmente aumenta de forma desumana a carga de quem fica, na maioria das vezes por falta de alternativas, por ter um pouco mais de escrúpulos ou por ter mais compaixão, não sei. Quantas pessoas diante de um quadro de abandono e crucificação sentam na soleira da porta e gritam aos céus, repetindo uma frase que se acostumaram a relacionar com o paroxismo do desespero: "Ó Deus, por que me abandonastes?" A idéia do "Por que eu?" e do "Por que comigo?" torna-se uma obsessão, mas não há resposta, e, se houvesse, ela não ouviria e, se ouvisse, não compreenderia e, se compreendesse, não aceitaria.

Mas, mesmo diante desse quadro cruel, sempre é possível uma reação, ainda que seja a de confiar na ação do tempo.

O pior que se pode fazer nesses casos é se sentir prisioneiro, condenado de forma irreversível a uma pena injusta e definitiva. Essa não é a melhor atitude para encarar a armadilha. Mas não é só o caminho espiritual a saída para essa crucificação, a arte também é. Muitas grandes obras de arte conhecidas ou anônimas surgiram da necessidade do seu autor de encontrar um escape para essas ratoeiras. Você pode não ter dinheiro para fugir para o exterior, mas pode desenhar o "exterior" e habitá-lo com suas esperanças e fantasias. Pode escrever seu drama e com isso sensibilizar muita gente. De cada dez pessoas que me escrevem, pelo menos uma tem talento literário, e isso fica claro pelo estilo e as formas que escolhem para descrever seu sofrimento. A descoberta da arte, ou seja, do talento artístico para alguns, só se faz pela via dolorosa.

Já contei em outro livro que a grande Clarisse Lispector dramatizava o seu sofrimento vestindo-se sempre de preto e enchendo a casa escura (ela não abria as cortinas jamais, embora morasse em frente à praia do Leme, no Rio) de velas. Fumava com uma ansiedade sôfrega e recusava todos os convites para abrir as cortinas da sua vida e deixar o sol entrar. Estava convencida de que precisava desse clima de *Família Adams* para criar e escrever suas obras maravilhosas. É claro que isso era uma ilusão romântica sua. Mas entendo o esquema. Para quem vive de verdade esse clima de escuridão, a arte pode ser uma redenção, uma saída fantástica, que, embora não vá resolver o problema, criará uma alternativa de vida nem sequer sonhada.

Muitos talentos estão encerrados de forma tão hermética dentro do indivíduo que, às vezes, é preciso um soco na boca do estômago para potencializar esse talento. Da mesma forma que algumas igrejas dizem falaciosamente: "Se você não vem pelo amor, vem pela dor", o mesmo se pode dizer da vocação artística. Isso não quer dizer que o sofrimento, em situação tipo camisa-de-força, seja o passaporte para a fama e o sucesso como artista. Pode ser que você, caso resolva seguir o meu conselho, nunca consiga editar o seu livro, gravar o seu CD ou nem consiga vender uma única tela. Mas isso é o que menos importa nesse processo. Provar ao mundo, e a você mesmo, que a situação-armadilha não o tornou impotente, nem morto-vivo, é o mais importante. A arte é a criação, e a criação é a certeza de estarmos vivos, e, se estamos vivos, há esperança.

"Não está morto quem peleia", como dizem os gaúchos.

Dezenove

Inimigo do Meu Prazer

Recebi recentemente um e-mail de uma moça que dizia mais ou menos o seguinte: "Estou casada há seis meses, e nesse tempo meu marido só me 'procurou' três vezes. Tomei coragem para falar com ele sobre isso, e ele me disse que é normal, que no início da vida a dois a necessidade de construir uma vida deixa pouco espaço para 'essas coisas'. Mas acho que isso não é verdade, e estou começando a achar que há algo errado com ele, ou será comigo?" Mais um? Então vamos lá: "Estou casada há dois anos e, apesar de a minha vida sexual nunca ter sido satisfatória, meu marido está diminuindo a cada dia a freqüência com que fazemos sexo. Já tentei discutir isso com ele, mas sua reação não foi nada boa. Disse que eu é que precisava me tratar, pois tinha um fogo que não era normal numa mulher casada. Foi tão firme, que estou começando a crer que o problema é mesmo meu. Como tenho muita vergonha de tocar no assunto, não comentei com minhas amigas, nem com ninguém. Gostaria de saber se o problema é mesmo meu." A última: "Estou casado há dez anos, e a minha vida sexual está uma droga. Minha mulher, que, no início, gostava muito do sexo, vem se afastando de mim usando todos os meios possíveis. Doenças, dores, mal-estar, indisposição ou simplesmente arranja alguma briga antes de irmos para a cama como pretexto para não me deixar tocar nela. O pior é que já falei em separação e ela fica desesperada, diz que me ama, que ama os nossos filhos, que adora estar casada comigo etc. Mas estou ficando maluco, não sei mais o que fazer, principalmente porque não tenho jeito para ir buscar sexo na rua. Estou perdido e sofrendo muito com essa situação."

Durante muitos anos, reinou no ambiente doméstico, mais especificamente entre as quatro paredes do quarto do casal, uma hipocrisia tão oficial, que abafava toda e qualquer manifestação de crítica ou de insatisfação. É claro que a insatisfação existia, mas era reprimida pela rígida moral religiosa e social, e acabava sendo redirecionada para outras áreas do comportamento e da relação. Mães que espancavam os filhos, pais alcoólatras, mães depressivas enxaquecosas, pais colecionadores ou fanáticos, todos podiam ser o resultado de uma negação do prazer sexual, ao qual sentiam que tinham direito pelo contrato nupcial. Mas encobertos por uma moral acachapante, qualquer tipo de questionamento poderia parecer abusivo... e pecaminoso. Daí os derivativos para a neurose, as manias, as "doenças" etc.

Ainda me lembro de minha mãe contando que sua tia se gabava de, em 40 anos de casada e seis filhos, nunca ter permitido ao marido ver ou tocar o seu corpo nu! Entre divertida e penalizada, minha mãe dizia que ela ainda usava o tal do lençol com um furo, através do qual o homem introduzia seu pênis, que era conduzido diretamente para a vagina, e retirado assim que tivesse cumprido a sua missão. Naqueles tempos, que não estão tão longe assim, *mulher direita* era aquela que não demonstrava prazer. Se gozasse, teria de reprimir, apenas revirando os olhinhos. Se não demonstrava prazer, também não questionava, não exigia, não reclamava a sua parte no festim. Assim, homens e mulheres viviam o paraíso dos tabus, onde *certos assuntos* não eram comentados, não eram discutidos e nem mencionados. Para os homens, ainda restava o recurso das amantes liberadas e das prostitutas.

Hoje, perdemos boa parte daquela tela de proteção hipócrita, e portanto recebemos um alvará social para cobrar a nossa cota de prazer de erotismo e prazer sexual. E aí vamos nos deparar com esses gigantescos pontos-de-interrogação, quando a resposta às nossas demandas sexuais é nula. "Por que ela se tornou frígida de repente?", "O problema é comigo ou ele tem outra, a quem satisfaz com volúpia?", "Ou será que há outro a quem ela entrega, com generosidade e afã, o que a mim nega com frieza?" Dúvidas, dúvidas e mais dúvidas.

Se pudéssemos filmar a mente dos maridos e mulheres à noite, quando se deitam e são (ou assim se sentem) rejeitados por seus (suas) parceiros (as), teríamos um filme dramático, em que um enredo de grande densidade emocional se misturaria a *scripts* de filmes *trash* ou policiais, tipo *Desejo de Matar*. Quantos maridos obtêm um prazer solitário imaginando-se com uma serra elétrica cortando a mulher cruelmente fria em pedacinhos (como em *O Massacre da Serra Elétrica*), enquanto ela lhe dá as costas na cama, ou quantas mulheres sonham acordadas com um filme em que seus maridos são zumbis da indiferença sendo dilacerados por um ventilador gigante (como em *A Volta dos Mortos Vivos*)?

Brincadeiras à parte, eu não tenho dúvida de que os descompassos sexuais no casamento são responsáveis por grande parte da infelicidade das pessoas hoje em dia. Sem a repressão da moral cristã e o sistema hipócrita criado para acomodar essas situações, ironicamente tudo ficou mais difícil de engolir. Podemos colocar na conta das particularidades de gênero (tipo Homens são de Marte, Mulheres de Vênus ou Mulheres fazem amor e Homens fazem sexo etc.) algumas dessas diferenças e abismos. Mas não é tão simples assim. Embora tenha um componente "universal" e, portanto, comum a muitos, existem elementos individuais que não nos permitem colocar tudo, ou seja, todas essas negações sexuais no mesmo bolo.

Uma cliente me confidenciou não suportar o toque do marido porque ele não cultivava o hábito do banho. Como não estava à vontade com ele para mandá-lo tomar banho literalmente, a saída era se fechar, encolher-se, tornar-se hábil na arte de driblar suas investidas sexuais. Com isso acabou acreditando que era frígida (como ele dizia) e, com o tempo, acabou se convencendo quase que plenamente disso. Uma situação assim também poderia agradar ao marido, pois uma mulher frígida não tem olhos (nem outras coisas) para ninguém. Assim podia dormir tranqüilo, pois ela não *dava* para ele, mas em compensação para os outros também não. Até que um dia apareceu um rapaz que ADORAVA tomar banho e ficar *limpin* e *cheirozin*...

As razões pelas quais um parceiro deixa de se conectar sexualmente com o outro são muitas, e por mais que tentemos esgotar aqui esse poço ainda haveria razões a explorar. Mas a questão deve ser mais profunda. É possível detectar ainda nos estágios iniciais da relação esse rompimento de vínculo? Existe uma linguagem cifrada, oculta, pela qual ele (ou ela) já dá pistas de seu futuro comportamento? A resposta é Sim, mas também é Não.

Antes que você me feche o livro na cara, vamos à explicação. É Sim quando o comportamento do parceiro já está manifestado, podendo apenas ter sido ocultado para fins de conquista. Se for esse o caso, você pode perceber pelos pretextos para não estarem sozinhos em locais íntimos (onde haja condições para a prática do sexo) ou pela presença, sempre obrigatória, de amigos e/ou amigas nos programas que deveriam ou poderiam ser apenas a dois, como os encontros em lugares domésticos, na casa dele ou na casa da tia dela, ou assistir aos jogos de futebol dos times da terceira divisão. Pretextos que podem passar despercebidos ou receberem pouca atenção quando se está apaixonado ou se quer muito alguém. Pessoas que falam demais e parecem querer preencher os espaços do relacionamento com uma enxurrada de palavras, casos, exemplos, histórias sem fim.

Desculpas (mesmo que verdadeiras) de traumas sexuais de antigos relacionamentos já vão, de certa forma, preparando o terreno para que no futuro o seu uso (das desculpas) não soe como surpresa. "Ah, meu amor, você já sabia dessa história, desse meu trauma, tenha um pouco de paciência comigo. Eu vou superar isso com a sua ajuda, com a sua compreensão. Tenho certeza de que um dia vamos superar isso juntos." O uso do trabalho como cortina de fumaça também é um sinal de que o(a) seu(sua) parceiro(a) não é do ramo. "Meu bem, você sabe o quanto o meu trabalho é importante. A minha carreira é o meu projeto de vida, é através dela que vamos poder ter a nossa casa, os nossos filhos etc." Isso, em absoluto, é uma demonstração de falta de amor. No fundo, quase todas as racionalizações são desculpas nada esfarrapadas para o desinteresse sexual preexistente. Muitas pessoas, tanto homens quanto mulheres, embora saquem esses sinais, tendem a não avaliá-los corretamente ou então acreditam na fábula que diz: "Depois do casamento isso se ajeita." Mas vai ser muito tarde quando perceber que, depois do casamento, a coisa vai piorar, e muito.

Mas vamos a uma pergunta ainda mais intrigante: "Por que essas pessoas são apáticas em relação ao sexo? Existem algumas respostas, mas nenhuma delas resolve a questão plenamente."

O fator testosterona. Esse hormônio tipicamente masculino, mas que as mulheres também possuem em quantidades bem menores, é um dos motores do impulso sexual. Por alguma desregulagem hormonal, a pessoa pode apresentar uma baixa produção de testosterona. Ou pode estar havendo uma "queima" ou consumo exagerado desse hormônio em outras atividades (inclusive intelectuais), fazendo com que pouco sobre para movimentar a máquina do prazer sexual. Sabemos que o chamado tesão matinal que a maioria dos homens sentem, ao acordarem com uma forte ereção, deve-se ao fato de se acumularem durante a noite altos níveis de testosterona no sangue, sem que esse tenha sido queimado em atividades energéticas, como brigar, estressar-se, correr, atacar ou se defender. Nas mulheres, principalmente após terem sido mães, é comum a diminuição desse hormônio, além de os cuidados com a cria mobilizarem o pouco que restou.

O fator moral-cultural. Por mais liberal que esteja a nossa sociedade, muitas pessoas, jovens inclusive, apresentam resquícios de educação moralista, que às vezes estão ocultos em algum "arquivo" mental e aparecem, por algum motivo, criando freios à libido ou colocando limitação, condições e regras. Conheci um casal que, enquanto ela fazia de tudo para se liberar de uma educação oriental castradora, ele iniciava um processo moralizante. Até que um dia, depois de muitas conversas infrutíferas, a mulher saiu com outro homem "para saber se o problema era meu ou dele". Para piorar a situação, ela contou tudo para o marido. Vieram os dois, no meio da maior crise, falar comigo. Como eu já havia conversado com ela, que me disse da sua falta de imaginação, e dos tabus que ele "respeitava", fui conversar com o marido. Quando o questionei a respeito de seu comportamento sexual, ele disse que fazia o "sexo normal", mas que estava desconfiado de que o que ela gostava era de "depravação", de "sexo pornô". "Eu sempre fiz de tudo para **respeitá-la**. E é assim que ela me retribui?!?" Traduzindo isso em linguagem sexual, ele se referia ao sexo oral e a variações de posições, tipo a mulher por cima. Embora ela alimentasse em segredo o desejo de, pelo menos, experimentar o sexo anal, nunca teve coragem de sequer mencionar isso a ele.

Embora não haja pesquisas conclusivas a esse respeito, existe uma relação entre a impotência sexual masculina e a moral restritiva. Um estudo feito na Inglaterra, nos anos 80, mostrou uma relação positiva entre a anorgasmia feminina, que acabava produzindo a tal frigidez sexual, e a incapacidade de produzir fantasias sexuais. A dedução me parece lógica: se o indivíduo tem uma couraça moralista muito forte, não se permite também produzir fantasias sexuais e, não produzindo essas fantasias, acaba sabotando o seu potencial libidinal, torna-se impotente (ou surge outra disfunção sexual qualquer) ou faz sexo insosso. Nas mulheres isso é caracterizado pela expressão *disfunção do desejo*. Ainda somos vítimas de certas concepções tenebrosas, passadas de pais para filhos, como a vergonha do corpo e o sexo associado à coisa suja, poluída. A você que está lendo pode parecer ridículo, mas ainda temos entre nós o tráfico dessas heranças medievais, que, sem dúvida, causam estragos. Para resolver isso é preciso uma reformulação geral desses valores, entender a sua origem, seus propósitos numa perspectiva histórico-sociológica, e aí sim passar por uma desintoxicação.

O Fator psicológico. Doenças como depressão, síndrome do pânico, transtorno obsessivo compulsivo (TOC) e algumas neuroses e psicoses podem interferir pesadamente no desempenho sexual. Naturalmente, nesses casos, é preciso fazer o óbvio: diagnosticar o problema e tratá-lo. Infelizmente, na maioria dos casos, não se faz uma correlação entre uma coisa e outra.

Os Fatores fisiológicos. Útero retroflexo, vaginites, varizes penianas, fimose, diabetes, cardiopatias, entre outros, podem constituir entraves poderosos ao prazer e conseqüentemente ao desejo sexual. Se a penetração é dolorosa para a mulher ou para o homem, isso pode criar um instinto de se evitar ou de resumir ao mínimo necessário o contato sexual. Nem é preciso dizer que em casos assim pode até existir o sexo, mas o erotismo vai pro brejo, e, sem isso, fecha-se o parque de diversões.

Não vamos falar dos fatores espirituais, pois aí entraríamos numa área densamente enevoada, na qual não me sinto à vontade pedindo a você que nela caminhe.

Esses fatores são os maiores responsáveis pelas disfunções e desencontros sexuais. Quantos dramas conjugais cessariam imediatamente se as pessoas simplesmente se livrassem de suas cargas moralizantes ou tratassem seus problemas de saúde convenientemente.

Vocês estão lembrados quando lá atrás fiz uma pergunta sobre se existe uma linguagem oculta que, se decifrada, pode nos dar pistas de futuros encrenqueiros sexuais e que a primeira resposta foi um **Sim** e a segunda foi um **Não**? Pois vamos ao **Não**.

Cada ser humano é, ao mesmo tempo, um ser pronto e um ser em projeto. Essa dualidade, atrito constante entre algo que é e algo que virá a ser, é o que se denomina vida. Muitos indivíduos desabrocham de forma surpreendente nesse vir a ser. Como os antigos foguetes que liberavam seus estágios à medida que iam ultrapassando certas marcas, também vamos nos livrando de "velhos" *eus* e surgindo com novos, antes entocados em algum escaninho do nosso ser. Por isso não podemos nos culpar quando, no curso de um relacionamento, uma das partes libera um eu absolutamente não inventariado no processo de conhecer-se. Contra essas erupções não há defesa, não há tarô ou búzios que possam alertar.

Um conhecido me contou que em sua juventude foi um sujeito barra pesada, cujo lema era: sexo (muito), drogas (o quanto agüentasse) e rock'nroll (até a exaustão). Foi nessa batida que conheceu a sua atual mulher. Aos poucos foi maneirando com as drogas e com o *rock'n roll*, mas continuava "viciado" em sexo. Até que um dia "encontrou Jesus". Hoje ele é pastor evangélico e naturalmente incorporou valores morais que regulam até seu comportamento sexual, sem falar de todo o resto. Não fiquei sabendo das conseqüências que isso teve diretamente na sua atividade sexual, nem se a mulher gostou da mudança (nem mesmo sei se houve mudança significativa; creio que sim, mas isso é mera especulação minha). Mas essas mudanças de rumo podem afetar a qualidade do sexo que o casal pratica e são indetectáveis. Nem precisamos ir para esses encontros místicos, imponderáveis. Pessoas mudam, e ponto final, e essa é uma variável com a qual devemos lidar. O que fazer num caso desses? Espernear? Sentar num canto e chorar? Agredir? Descabelar-se? Lamentar? É nesses casos que acontecem as ontológicas discussões: "Quem mudou?" Ou as acusações: "Quando eu te conheci, tu eras muito diferente...", "É impressionante como você mudou, parece uma outra pessoa...", "Definitivamente você não é a mesma pessoa por quem eu me apaixonei, nem te reconheço mais..." E por aí vai.

Essa mesma metamorfose pode se dar também ao inverso, ou seja, parceiros que passam a ter um comportamento mais agressivo ou destrutivo na cama. As clínicas psiquiátricas e delegacias de polícia estão repletas de relatos de agressões sexuais ou de constrangimentos perpetrados por parceiros de cama. Pessoas dóceis, educadas e até tímidas se transformam em feras taradas sem motivo aparente, comprazendo-se em causar dor ou medo nas parceiras.

Certa vez conheci um jovem casal. Eles se conheceram na faculdade e casaram-se ainda antes de completar o curso. Com o tempo, algumas diferenças foram aparecendo e se tornando críticas, aparentemente incontornáveis. Por exemplo, na faculdade, ela apenas tinha simpatia pela música sertaneja. Ele era um amante de jazz e de MPB, mas nada muito exacerbado. Poucos anos depois de casados, o gosto dela pelo gênero sertanejo foi ficando mais intenso a ponto de comprar discos, ouvi-los sempre em casa e querer ir aos shows dos cantores desse estilo musical. Já o rapaz se incomodava demais com aquela manifestação de "péssimo gosto musical", segundo ele. Além disso, sentia-se invadido, violentado, por ter aquela música dentro de sua casa. A coisa piorava quando ele finalmente conseguia ouvir um disco de jazz e a mulher fazia careta como se estivesse comendo comida estragada ou sem gosto. Conversando sobre essas rachaduras na vida de casado, ele me disse: "Mulher deveria ser igual a sabonete. Quando você não gosta mais, simplesmente joga fora e troca de marca." Sorri sem jeito diante desse comentário, que pretendia ser jocoso, mas apenas expressava a sua amargura. O problema, porém, é que se gostavam.

No entanto, essas e outras diferenças de comportamento e de visão de mundo estavam afastando um do outro. Falar "o **problema** é que eles se gostavam" pode parecer estranho; afinal de contas, desde quando se gostar é problema? O que quero ilustrar é que mesmo esses comportamentos de falta de apetite sexual, onde é negada ao outro a sua cota de prazer, não necessariamente passam pela falta de amor ou falta de gostar. Isso realmente torna tudo mais difícil, mais neurotizante, pois a pessoa de quem você *gosta* e que tudo indica que também *gosta* de você, não *gosta* da sua seleção musical ou não *gosta* de sexo do mesmo jeito ou na mesma intensidade que você. Assim, não é tão fácil se desfazer dela como de uma marca de sabonete. No caso do gosto musical do meu amigo, até é possível administrar, com um pouco de paciência, o exercício da tolerância (material raro entre os mais jovens, que acham mais fácil trocar de "sabonete") e muita criatividade, diferenças essas que podem ser equilibradas e permitir ao casal tocar o barco.

Mas o que fazer quando se trata de expectativas sexuais frustradas? O que fazer quando o marido é um cara sensacional, íntegro, leal, honesto, *tudo de bom*, e ainda por cima atencioso e generoso, mas simplesmente não tem pique sexual, e mesmo quando tenta é um fiasco? E se a mulher desse mesmo marido está a todo vapor, sente o sexo como a energia da vida e está transbordando com essa energia? Essa é uma das perguntas mais difíceis de se responder quando **separação** não é uma resposta aceitável. Não pensem que tenho a solução mágica e única para esse enigma de esfinge moderna. Mas tenho algumas idéias que podem ser úteis. Em primeiro lugar, ao contrário de diferenças musicais ou ideológicas surgidas entre o casal, e que são em tese contornáveis, o sexo é a matéria-prima do relacionamento, é o esperado em toda e qualquer cultura, toda e qualquer religião (mesmo entre os Hare Krishna, que só admitem o sexo dentro do casamento e apenas para fins de procriação).

Poucos "hábitos" são tão universais como a prática da atividade sexual no casamento. Portanto, se um dos parceiros não quer, não gosta ou não pode fazer, deveria avisar antes ao outro, pois, caso contrário, no mínimo vai configurar uma propaganda (ou uma presunção) enganosa ou quase. Porém, aqui devo fazer um breve parêntese. Apesar de todo o esforço para caracterizar o desinteresse ou a abstinência sexual entre pessoas casadas como uma disfunção, a própria ciência ainda não conseguiu, por razões óbvias, estabelecer um padrão de normalidade em relação à atividade ou freqüência sexual. É claro que existe uma espécie de consenso entre os "especialistas", mas ele está longe de oferecer uma fita métrica com a qual possamos medir o desempenho do outro e julgá-lo "funcional" ou "disfuncional". Prefiro adotar o critério da relatividade, o que significa que, se um dos parceiros sente necessidade de fazer sexo três vezes por semana e o outro se contenta com uma vez por mês, ambos estão "disfuncionais" em relação a um e ao outro. Mas se esse mesmo parceiro que se contenta com uma *vezinha* por mês encontra alguém também desinteressado, achando ideal essa freqüência, onde então está a disfunção? Já soube de um caso de um homem que durante anos se descabelou com sua mulher, que não agüentava o seu ritmo de três vezes por semana, e após separar-se encontrou uma ninfomaníaca que queria três vezes por dia e pelo menos duas horas cada vez! Quem é o disfuncional: o que não quer nada (ou quase nada) ou o que quer a toda hora, o insaciável? Se esse desinteresse surgiu após o casamento, por causa de alguma doença ou pelo agravamento de uma tendência que já se insinuava, esse é um sinal de PARE! O casal deve parar para dialogar.

A primeira pergunta que ambos devem responder de forma inequívoca, sem máscaras nem subterfúgios, é: "Eu quero mesmo ficar ao lado dele/dela?" Ou ainda: "Tenho interesse em manter esse relacionamento?", "Por quê?" Se a resposta de um dos parceiros for negativa, está resolvida a questão (embora na prática não seja tão fácil assim). Mas, se for SIM, aí é preciso continuar a conversa. E a conversa pode empacar se o parceiro com disfunção sexual bater o pé e insistir no "Comigo está tudo bem! O problema, **se é que existe problema**, é do outro". Nesse caso, a separação deve ser fortemente cogitada. Mas, se ambos reconhecerem a existência do problema, isso já representa 90% de solução. Se o parceiro sem tesão aceitar o fato de que está lesando o outro em seu direito a uma vida sexual prazerosa, já estamos com a faca e o queijo na mão. Nesse ponto é de imensa valia a busca de ajuda profissional especializada. É claro que nessa intervenção há riscos, mas as possibilidades de uma ajuda trazer uma nova perspectiva, diagnosticando e oferecendo alternativas de tratamento a essa disfunção, são muito grandes. Só alerto para certas ajudas de cunho religioso. Mesmo que os religiosos atuais tenham uma cabeça mais aberta para a temática sexual, sempre há o risco de a pessoa que reclama o seu direito ao prazer ser vista e tratada como sendo disfuncional ("Você precisa pensar mais nas coisas espirituais meu filho/minha filha", "Você precisa pensar mais em Deus e menos em sexo", "Há coisas que são naturais e outras que não são" etc.). Geralmente o que as terapias fazem é uma espécie de conta de chegar com o casal. Para o *disfuncional* (reconheço que esse termo é horrível), remédios ou exercícios para melhorar sua libido, além da terapia propriamente dita. Para o(a) parceiro(a), geralmente um acompanhamento psicológico para curar as mágoas dos tempos de privação e da sensação de negação ou rejeição. Cada terapeuta ou cada escola de psicologia tem suas abordagens, umas se focando mais nos sintomas, outras nas causas profundas, mas o importante é o casal encontrar um ponto de equilíbrio ou resolver se separar com serenidade.

Não aconselho a solução da terceira via, ou seja, um ou uma amante. Proteger a relação, evitando tocar nessas feridas, e partir para uma solução individual marginal não costuma ser uma boa saída. Manter uma parte de sua vida secreta, adotar procedimentos de segurança como se fosse um fugitivo ou fora-da-lei não é agradável, nem saudável. Mesmo que essa situação possa ser mantida resguardada por muito tempo, não faz bem a nenhuma das partes. A outra parte (a não ser que essa outra parte também esteja vivendo uma situação semelhante em seu relacionamento) vai sempre estar no limite da mágoa, da desimportância. Uma das coisas que sempre imagino é uma dessas partes envolvidas no triângulo vendo um filme onde a vida secreta do parceiro é revelada. Porém, devo dizer, a bem da verdade, que essa também não é uma regra geral. Conheço alguns casais que vivem bem anos e anos com essa solução. São pessoas que se dão muito bem em outras posições e apenas na cama não são compatíveis. Aí existe por parte de um deles uma espécie de "permissão velada" para o outro compensar fora o que ele (ou ela) não pode dar na alcova. Na maioria dos casais onde existe esse tipo de acordo tácito prevalece a regra do "não vi, não sei, não me conte" ou "o que os olhos não vêem, o coração não sente". Mas é claro que isso leva a um telhado de vidro. Imagine essa situação mantida sob a proteção do vidro fumê sendo revelada, escancarada. Aí a coisa pega fogo. Não há dúvida de que seria preciso uma cabeça muito aberta e um coração muito generoso e desprendido para aceitarem essa situação. O que normalmente acontece é a pessoa disfuncional tornar-se mais atenta e ciosa de sua propriedade.

É aquela história da síndrome do dragão: "Guarda tesouros de que nunca vai poder usufruir e defende a virgindade das donzelas de que nunca vai poder desfrutar." Em termos populares, o parceiro apático "não dá nem desce" e, sabedor da sua posição frágil e dos desejos insatisfeitos do parceiro ou parceira, torna-se mais vigilante e neurótico. Essa dose extra de controle e rédea curta acaba de uma vez com a relação. Há muitos maridos impotentes, sofrendo com suas fantasias (que bem podem ser realidades) de encontros tórridos de suas mulheres com "Ricardões" bem-dotados e insaciáveis. De certa forma é uma maneira de se autopunir, criando virtualmente um inferno de imagens, cenas, diálogos, emoções que só existem em sua própria cabeça. Esse inferno mental acaba sendo exportado para o outro, e logicamente para todos em volta — filhos, parentes, amigos etc.

Muitas doenças físicas são criadas nessa dimensão do ser. Ironicamente, vamos ver uma inversão total de investimento. Quando essa energia emocional deveria estar sendo investida no esforço de "guerra" contra a disfunção, é gasta se autoconsumindo em fantasias, sonhos diurnos onde os mais alucinantes *scripts* são encenados, sem contar os investimentos propriamente ditos em espécie. Fortunas são gastas com detetives particulares, escutas telefônicas, macumbas etc., quando esse dinheiro poderia (e deveria) ser investido na própria pessoa num esforço de se melhorar, de corrigir possíveis disfunções, hoje felizmente já com grande chance de sucesso. Infelizmente, porém, quando me deparo com um caso assim, tenho muita dificuldade em convencer a pessoa a redirecionar seus recursos e energia para si mesmo, superar-se e crescer ou se "curar".

Compreendo que é mais fácil e menos dolorido buscar a culpa longe, em outro alguém, como diz a letra da música, mas é fatal.

Vinte

Um "Vampiro" na Minha Cama

Definir vampiro não é tão simples quanto parece. Então, vamos pelas exclusões. O que o vampiro não é:

a) ele não voa (a não ser que estejamos nos referindo ao morcego vampiro, assim chamado por ser hematófago, ou seja, se alimenta de sangue);

b) ele não é um morto-vivo, nem dorme num caixão, a não ser que seja um desses tipos excêntricos que a televisão de vez em quando encontra;

c) ele não é imortal, nem teme o sol. E, ao contrário do que diz a lenda, pode ser morto por quaisquer dos meios que atinjam os não-vampiros. E, quanto ao sol, o pior que pode lhe acontecer é pegar uma insolação ou um câncer de pele;

d) também não possui superpoderes nem força extraordinária capaz de jogar longe seus adversários;

e) não é verdade que só entra na sua casa se for convidado. Basta abrir a porta que ele entra.

Enfim, o vampiro é um ser humano igual a todos os outros, exceto pela “doença” particular que o distingue — alimentar-se do sangue e da energia dos que lhe estão próximos. Não vamos falar aqui dos vampiros de sangue (existem sim, mas, além de raros, não são apropriados para este livro) e sim dos **vampiros de energia.**

Marialice tinha cerca de 35 anos e era solteira. Quando não alimentava mais esperanças de encontrar um companheiro para a sua vida, eis que aparece um “príncipe desencantado”, como ela dizia. Desencantado por quê?, perguntei, curioso com o epíteto. “Porque ele se separou há pouco da ex-mulher, que o traiu com o seu melhor amigo, e vive dizendo que está desencantado com as pessoas, com o amor. Mas parece que resolveu me dar uma chance e estamos juntos”, disse-me, toda feliz.

Passados alguns meses, ela me procurou, no telefone, e parecia doente. Quando a vi pessoalmente fiquei assustado: estava bem mais magra, com olheiras, e tinha a aparência de quem estava muito gripada. Mas não estava. Fiz-lhe uma série de perguntas e descobri que, depois de ter ido morar com o tal príncipe, não conseguia mais dormir o sono tranqüilo costumeiro. Passou a sofrer de insônia e, pior, quase toda noite tinha pesadelos terríveis. Acordava cansada, como se tivesse “levado uma surra” ou “corrido a noite toda”. Depois das relações sexuais ficava “imprestável”. “E ele?”, perguntei. “Ele está cada vez melhor, mais corado, mais disposto, embora sempre pessimista e negativista.” Aparentemente a tratava muito bem, mas vivia lhe arranjando tarefas, e a impressão que Marialice tinha é que passara a ser uma espécie de escrava *light* dele. Por essas e outras dicas cheguei à conclusão de que ela estava sendo vítima de vampirização energética por parte de seu novo companheiro.

Mas, quando lhe dei o diagnóstico, sua reação foi de forte oposição, o que só confirmou as minhas suspeitas. Não se tratava de uma simples virose, nem de depressão, nem das doenças modernas freqüentemente associadas a esses sintomas. Pedi-lhe um exame de sangue para ver se estava perdendo glóbulos vermelhos (outro sintoma), mas se recusou a fazê-lo. Então se foi e nunca mais soube dela.

O vampirismo é uma doença ou talvez seja só uma anomalia, como o hipotireoidismo. O fato é que há muitas pessoas com esse distúrbio. Existem vários tipos de vampiro, mas podemos dividi-los em dois grandes grupos bem distintos: os conscientes e os inconscientes. O primeiro grupo é a minoria. São poucos e raros; aqueles que sabem que são e exercem de forma intencional seu vampirismo. O segundo grupo, e muito mais numeroso, são pessoas que, sem ter a menor noção do que fazem, alimentam-se energeticamente de quem está a seu lado. Você pode ser um vampiro ou uma vampira, ou ter um na sua família, no seu escritório ou até estar apaixonada por um e nem mesmo saber disso, embora a maioria sinta de forma difusa que "há algo errado". Sinteticamente podemos dizer que o típico vampiro é aquele que se alimenta da energia vital do outro ou, melhor ainda, que tem necessidade de fazê-lo para manter seu próprio equilíbrio homeostático. Na verdade, o que definiria mesmo o vampiro é essa necessidade, esse estado de carência crônica que o leva a estar constantemente buscando supri-la sugando a energia de quem está ao seu lado. Posto isso, deparamo-nos com algumas questões críticas: Como o vampiro faz isso, como identificá-lo e como se defender dele?

Para responder à primeira questão vou recorrer a uma velha história que me foi contada (na verdade, foi contada para alguém, certamente um outro adulto, e eu, sempre curioso, ouvi e, mesmo sem saber o porquê, registrei) pelo meu avô, que, se vivo, deveria estar com 125 anos. Contou que, quando morava na Alemanha, pouco antes de vir para o Brasil, ouviu falar de uma mulher muito famosa e poderosa, dona de uma "clínica" de rejuvenescimento nos Alpes alemães. Essa "clínica" funcionava exclusivamente para homens, na maioria idosos e muito ricos. Seu tratamento baseava-se principalmente na "troca" de energia.

Um velho e depauperado magnata ia para um chalé de madeira, na beira de um lago de águas cristalinas e tendo as montanhas nevadas como paisagem. Lá recebia a companhia de duas jovens, sempre uma loura e uma morena. Essas "pilhas" de energia humana nunca tinham mais de 20 anos e eram recrutadas entre as camponesas daquela região do Tirol, parrudas, seios fartos, maçãs do rosto avermelhadas e arredondadas, mas sempre virgens e vendendo (literalmente) saúde. O "tratamento" consistia basicamente de sessões em que o "paciente" deitava-se num fofo tapete de pele de urso, nuzinho em pêlo, sanduichado pelas jovens germânicas. Deitava-se de lado, com a loura atrás e a morena na frente (ou vice-versa), grudadinhos. Mas não fiquem pensando besteira, pois qualquer forma de sexo era terminantemente proibida; afinal, o que se pretendia era avivar e não matar o velho. Havia uma rotatividade constante das duplas para que essa transferência de energia não prejudicasse a saúde delas. O princípio é o do vampirismo (quem tem, põe; quem não tem, tira) espontâneo, onde o vampirizado (no caso, as moças) oferece de bandeja sua energia a quem precisa. O meu avô explicou que, com a ascensão dos nazistas, a "clínica" foi fechada e a dona fugiu para outro país.

Assim funciona o vampirismo, pelo contato físico ou, pelo menos, pelo contato "áurico". Todos nós, em uma ocasião ou outra, podemos nos tornar vampiros ocasionais. Por exemplo, quando estamos com uma baita gripe e nos sentimos um "trapo", chupados, sem forças. Nesse estado é natural, mesmo sem termos a intenção, sugarmos as energias de quem está ao lado e principalmente de quem dorme conosco. Mas o verdadeiro vampiro está sempre sob a "influenza" (não resisti ao trocadilho) psíquica e sempre precisando de "dose extra" de energia.

Para o cético ou para o cientificista sei que a palavra *energia* dá arrepios, quando não os faz rir. Mas não tenho espaço aqui para debates acadêmicos e exposição de teses. O fato é que, no vampirismo, há um fluir natural de energia vital do vampirizado para o vampiro. Se isso acontece de forma constante, e, é claro, dependendo da intensidade da transferência, o lado passivo acaba manifestando algum tipo de efeito, seja físico, emocional, psíquico ou todos ao mesmo tempo. Fadiga crônica, irritação, mudança brusca de humor, desânimo, enfermidades oportunistas que se revezam (baixa imunidade), dores nas juntas, lapsos de memória, pequenos acidentes repetitivos etc. são alguns dos sintomas mais comuns. Quando o vampiro ocorre apenas circunstancialmente, um dos principais sintomas do vampirizado é o bocejo seqüencial, a famosa "*abrição* de boca", mesmo que não se esteja com sono.

Já a pergunta "Como identificar um vampiro?" é mais difícil de responder. Mas, se você reconhece os sintomas acima e os relaciona à presença de alguém, essa pode ser uma identificação positiva. Contudo, ao longo dos anos, consegui elencar algumas características do vampiro energético, embora, devo frisar, não são conclusivas, e mesmo essas podem ser reconhecidas em indivíduos que absolutamente **não** podem ser assim considerados. Portanto, não invente de sair por aí caçando-os com base nas características que vou dar, nem se mortifique achando que "Agora, sim, descobri que sou um vampiro. Ai, meu Deus".

O vampiro costuma ser "pegajoso", ou seja, não consegue conversar sem pegar ou segurar o braço, ou colocar a mão no ombro da pessoa. Está constantemente criando situações onde a sua vítima é levada a ficar mais tempo perto dele do que seria esperado. Por decorrência, ele tenta (quando tem interesse em determinado alvo) tornar-se imprescindível na vida desse alvo, detectando suas necessidades e carências, e fazendo de tudo para supri-las, criando assim um vínculo, um endividamento por parte de quem é "ajudado".

Por isso, em meu livro *Não Te Devo Nada!* dedico tanto espaço aos vampiros emocionais, aqueles que fazem de tudo para criar dependentes de sua "generosidade", ao mesmo tempo em que exploram o ponto fraco de suas vítimas. A maioria é loquaz, fala pelos cotovelos, mas já conheci uns caladões e bastante reservados. Outra característica marcante é o seu extremado egocentrismo. Mesmo quando aparentemente está exercendo sua generosidade, tem um plano para lucrar com isso e faz de tudo para alardear o seu feito. Nunca é desinteressado; ao contrário, é do tipo que no meio de uma festa de aniversário faz questão de dizer o quanto lhe custou o presente que trouxe ou os sacrifícios que já fez e faz pelo aniversariante. Essa característica pode ser vista apenas como grosseria de gente mal-educada, mas é encontrada como traço de caráter nos vampiros emocionais.

O vampiro também não é provido de sentimentos, como compaixão e genuína solidariedade; em muitos casos, pode ter comportamentos psicóticos, de total indiferença ao sofrimento humano. É muito comum, quando é surpreendido em flagrante, fazer-se de vítima, seja das condições sociais antagônicas, seja das familiares, onde sofreu na mão de pais abusivos etc. De qualquer forma, ele divide com outros tipos neuróticos a monomania de tirar o corpo fora, de nunca assumir suas falhas ou admitir seus erros, está sempre procurando um bode expiatório para assumir as suas responsabilidades. Assim, muitas vezes assume a estratégia do "coitado" e faz cara de cachorro que caiu da mudança para provocar nas pessoas justamente o sentimento que ele definitivamente não tem: piedade.

Como se defender do vampiro? Existe uma resposta aparentemente simples, mas na grande maioria das situações torna-se uma barreira gigantesca para ser transposta. A tal resposta é: afaste-se dele (ou dela)! Mas como simplesmente se afastar de um chefe vampiro, quando se necessita tanto do emprego? Como se afastar de um marido ou de uma mulher com quem se tem filhos e nada mais que o(a) desabone a não ser sua ardente sede por energia alheia?

Muitas pessoas, mesmo sem saber, criam estratégias para se afastar dos vampiros, guiadas apenas pelo seu forte instinto de sobrevivência, e isso sem provocar grandes traumas. É o funcionário que consegue um cargo em outra cidade, o filho que resolve estudar no exterior e não volta mais, ou o marido convidado a trabalhar longe de casa e por isso passa pouco tempo sendo vampirizado pela mulher. Mas a maioria não tem tanta "sorte", e, com o instinto de sobrevivência perdendo de 2 a 0 para o instinto vampiresco, acaba refém da situação. Se esse é o seu caso, é preciso montar uma tática ao mesmo tempo mental e física. Você deve aprender a usar as imagens mentais para criar um paredão ou um instrumento de corte para bloquear ou cortar os "tentáculos" invisíveis que, é claro, o vampiro sempre lança para sugar-lhe as energias. Obviamente que para alguém sem essa prática pode levar algum tempo até que esse talento seja aperfeiçoado e se torne eficaz. Sugiro a leitura de livros que ensinem a criação de imagens mentais ou cursos que possam ensinar e dirigir essa prática. Ao mesmo tempo, você deve fazer de tudo para fortalecer-se e compensar as energias roubadas. Exercícios físicos, alimentação supersadia, evitar fumo, bebidas alcoólicas, doces (açúcar branco), frituras em excesso (que são por si só hábitos vampirescos) e procurar o binômio dormir cedo-acordar cedo. Sei que não é nada fácil, principalmente se o roubo de energia já tiver afetado a sua auto-estima e a sua capacidade de reação, mas é a única saída — reagir, reagir e reagir!

Por fim, podemos sugerir a busca de ajuda em instituições religiosas ou espiritualistas idôneas, onde, ao fazer parte de um grupo, você se una a uma mente coletiva forte, que possa ajudar a combater e quebrar as correntes que o ligam ao vampiro.

Vinte e Um

Inimigos da Minha Liberdade

Conheci há muitos anos uma mulher que se consumia dia após dia numa paixão doentia por um homem. Sua vida era vivida em função dessa paixão. Saía pouco de casa na esperança de que ele ligasse. "No mês passado resolvi aceitar o convite de umas amigas. Elas viviam insistindo para que eu as acompanhasse. Me encheram tanto que fui. Não é que ele ligou, justo nesse dia! Fiquei doente. Não me perdôo." A "doença" dessa mulher não seria tão doente se o homem, objeto dessa veneração, não fosse um padre. Ela o conheceu num trabalho missionário junto a crianças pobres de um país do Terceiro Mundo. Unidos pelos mesmos ideais, carentes cada um a seu modo, acabou acontecendo. Pelo que pude perceber, ela forçou bastante a barra, e o padre, que não era de ferro, cedeu. Isso já durava 20 anos, ao longo dos quais tivera meia dúzia de encontros, os quais resultaram em duas relações sexuais. Ela vivia na lembrança desses momentos de prazer e na esperança de repeti-los. O resto era um mundo de fantasia, recordações e espera. Sabia que ele não deixaria a igreja, o que até a orgulhava; portanto, não alimentava perspectivas de uma vida a dois. Mas... ela era prisioneira desse enredo. "Vivia" em função desse algo que insistia em chamar de amor. Na verdade, era cativa, refém desse *mix* de insanidade e exacerbação afetiva. Renunciou à liberdade, talvez preferindo a excitação desse simulacro de romance à sensaboria, à insipidez de sua vida normal. Talvez fosse prisioneira de um roteiro de ferro iniciado numa vida passada. Quem sabe? Só tenho uma certeza nesse emaranhado: uma vida estava sendo adiada, mas não que ela estivesse perdendo grande coisa, e sim a possibilidade do risco, do imponderável, da felicidade que despenca sabe-se lá de onde e cai no nosso colo quando estamos disponíveis. Mas como isso poderia acontecer se ela estava presa numa cela, autocondenada a cumprir uma sentença sem data para expirar, pagando a conta de um crime de contornos difusos, onde era ao mesmo tempo a encarcerada e a carcereira?

Por mais incrível que possa parecer, a liberdade pessoal não é um fator no topo da lista de prioridades, quando o assunto é o universo sentimental. Preocupamo-nos se seremos felizes nos relacionamentos ou não, se teremos prazer ou não, se seremos amados ou não, se ficaremos sozinhos ou não, mas pouco colocamos a liberdade como item essencial nesse pacote. Ao contrário, há até uma tolerância condescendente com uma certa perda de liberdade, que muitos julgam inerente a todos os relacionamentos, ou uma coisa própria do jogo amoroso. E não deixam de ter razão. Estamos sempre perdendo a nossa liberdade em função dos outros, o próprio processo de socialização implica renúncias à liberdade. Podemos já nascer numa sociedade oprimida por uma restrição violenta das liberdades individuais ou termos a *mala suerte* de morar num lugar onde a tirania se impôs e roubou-nos as liberdades fundamentais. Podemos, enfim, ser vítimas de um processo kafkiano e acabar os nossos dias numa masmorra vendo o sol nascer quadrado.

Ninguém é totalmente livre. Não podemos dizer tudo que pensamos, não só pelas limitações naturais da nossa capacidade de expressão (quantas vezes você quis verbalizar algo que expressasse um determinado sentimento ou emoção e simplesmente não encontrou a palavra certa?), mas também por **educação** ou por temor à punição legal. Não temos a liberdade absoluta do ir-e-vir. Se você quiser ir agora para os Estados Unidos, poderá fazê-lo? Mesmo que tenha o dinheiro, conseguirá o visto? O processo civilizatório implica uma renúncia relativa às liberdades individuais justamente para que possamos tê-la como grupo, como sociedade. Mas a perda de liberdade numa relação sentimental é geralmente oferecida ao outro como sacrifício no altar de algo que se chama o *deus do amor*, mas que não é senão o demônio da burrice, da ignorância do que representa de fato o amor.

No passado e até (em algumas circunstâncias) nos dias atuais, as condições favoreceram a tirania do parceiro e a total submissão da mulher aos seus despóticos desígnios. Homens que tinham viva dentro de si a programação do senhor de escravos, ou a do xeique mouro com seu harém de pedaços de carne feminina, ainda vivem nos dias de hoje, embora o futuro não lhes pertença. Cair nas mãos de seres assim representava uma condenação à prisão sórdida nos limites estreitos do relacionamento, quedando à mercê de suas vontades ou de sua ausência de vontade. A perda da liberdade, de todas as liberdades, era apenas uma conseqüência natural de um *script* antigo. Mas esses verdugos cavernosos não são mais culpados que a sociedade e sua cultura, que lhes alimentavam as forças e lhes davam seu aval. Como as mulheres poderiam lutar contra algo que a própria sociedade, muitas vezes representada por sua mãe e seu pai, lhes dizia ser normal, natural, ser seu destino inexorável e divino? Sempre havia uma minoria de heroínas que preferiam morrer a ceder sua liberdade a quem quer que fosse, mas no máximo essas mártires conseguiram entrar para os registros da história ou da crônica policial. Não, não vou dedicar este capítulo a esse tipo de anacronismo social e humanístico. Quero falar aqui apenas das pessoas que fazem da sua liberdade pessoal a moeda de troca para manter relacionamentos.

Lembro-me de um episódio marcante, tão marcante, que somente agora me veio à mente quase quarenta anos depois. O nome dela era Leila. Era minha colega de classe no colégio. Um dia, toda feliz, veio me contar que tinha arranjado um namorado. Era bem recente, mas disse, fazendo beicinho e simulando uma chateação que não existia: "Ele é muito ciumento. Disse que, de agora em diante, vai cuidar de mim, que eu andava muito solta. Imagine, ele me proibiu até de ir à padaria da esquina sozinha!" Ela falava fazendo-se de aborrecida, mas seus olhos brilhavam, pois estava exultante, nem cabia em si de tanta alegria. Um pouco mais tarde eu a vi, com algumas amigas, gesticulando da mesma maneira que fez comigo, certamente contando a mesma história, cheia de orgulho de ter finalmente na sua vida um homem que a conduzisse com pulso firme. Na época eu era muito jovem, mas devo ter ficado chocado, senão não teria guardado essa memória tão vívida em meus arquivos "arqueológicos". É dessa aceitação do jugo que falo, das mulheres e homens que aceitam abdicar da sua pouca liberdade para se conformar às normas de algum parceiro doente, da doença crônica da insegurança. Mas não é só da perda de liberdade que esses relacionamentos se nutrem. Na realidade, quando não se trata de um constrangimento físico, real, com ameaças inquestionáveis à segurança de um dos parceiros (como me dói ter de usar essa palavra tão bonita aqui nesse contexto), a abdicação à liberdade é uma moeda de troca. Mas, como em toda transação, isso não sai de graça. Quantos relacionamentos se alicerçam sobre essas renúncias à liberdade existencial, na ilusão de que isso vai unir mais o casal, que esse covarde recuo na evolução natural do ser vai ser o cimento a aplainar as diferenças individuais. Isso é um erro tão colossal, que mesmo nos dias de hoje, macaco velho, ainda me espanto, ainda me surpreendo com a nossa dificuldade de aprender com os nossos erros.

Convivi com um casal (na verdade, ele é parente próximo) cujo casamento, na minha opinião, era uma empresa improvável. Ele, criado no Rio, boêmio, gostava de praia, de carnaval, adorava sair na Banda de Ipanema; enfim, um típico carioca. Ela vinha do interior de São Paulo, filha de uma família ultraconservadora e católica praticante. Desde o início, vi com apreensão o rumo que o relacionamento estava tomando. Ele foi cedendo em suas tentativas de manter seus laços com sua cidade natal e seus amigos. Achava que assim evitava as brigas, o choro, as mágoas e as acusações. E dizia: "É melhor eu não ir, preciso fazer de tudo para o meu casamento dar certo." Nos carnavais não ia mais aos ensaios de sua escola de samba do coração, nem mesmo na companhia dela, pois nem em sonhos ela aceitaria ir num "lugar desses". Nunca mais foi à praia e perdeu totalmente os vínculos com os antigos amigos. Mas não conseguiu criar novos amigos, pois sua mulher não era exatamente um modelo de pessoa sociável. Sua insegurança a alertava para manter seu homem o mais recluso possível, pois do contrário ele poderia botar as "manguinhas de fora". Aos poucos foi aceitando tudo aquilo em nome da governabilidade de seu casamento. Aí vieram os filhos, e os filhos quase sempre são uma compensação (passageira, é verdade) para essas restrições. Mas o que ele exigia em troca da sua liberdade? Sexo. Queria que ela lhe proporcionasse os prazeres que estavam prometidos explícita ou implicitamente nas barganhas com a sua "liberdade" (que, nesse caso, era apenas dar uns pulinhos esporádicos na sua "outra vida"). Mas isso era pedir demais a uma moça criada da forma como ela o foi. E quanto mais ele acumulava "créditos" mais ela ficava "devedora".

A dívida da esposa era, como a de alguns países do Terceiro Mundo, impagável, inclusive no sentido hilariante da palavra. Mas nenhum dos dois tinha essa consciência, e por isso o relacionamento era uma sucessão de críticas, ataques velados ou não, de ironias e rancores exercitados até na frente de terceiros, o que tornava mais acintosa a situação. Para ela, que nunca havia experimentado a liberdade do ir-e-vir, a liberdade das ruas, a liberdade hedonista, não significava grande coisa uma vida cheia de restrições autoimpostas, mas para ele... Como não poderia pagar essa dívida que agora, dez anos depois, já era imensa, pois que acrescida de juros de mágoas e ressentimentos, o jeito foi a terceira via ou o recurso da "outra". Finalmente se separaram depois de vinte anos de idas e vindas, de cobranças e acusações, de ofensas, traições e barracos, agora com os filhos crescidos e participando de tudo. Previsível? Sim, totalmente. Inevitável? Sim, pois, apesar de serem desenvolvidos intelectualmente, o fato de ser analfabeto emocional é que dita as regras do caos. Desenvolvi esse tema com profundidade no meu livro *Não Te Devo Nada!*, quando falei dos comportamentos que criam os passivos emocionais. Renunciar à liberdade é sempre um ato gerador de passivos emocionais. É claro que não sou tão ingênuo a ponto de ignorar que o casamento ou qualquer relacionamento convencional (não levamos em conta os chamados relacionamentos abertos, em que cada um faz o que quer, transa com quem quer e não dá satisfação ao parceiro) impõe as suas restrições, pois cria novas (velhas) regras de conduta. Mas essas restrições devem ser assumidas de forma espontânea dentro dos limites e da cultura de cada um, respeitando-se as diferenças de educação, de personalidade, de gostos, entre outras. Qualquer ruptura abrupta do estilo de vida em favor do outro e para se amoldar ao outro é perniciosa, gerará passivos emocionais que serão cobrados depois, de forma nem sempre justa. Em geral, quem renuncia à liberdade acaba perdendo o viço, fica chocho, sem graça, e o parceiro que fez tudo para conseguir aquela façanha se vê diante de um ser apequenado, chinfrim, pelo qual logo vai se desinteressar.

Como já foi dito, a vida civilizada em sociedade já representa uma imensa renúncia a muitas liberdades, mas esse é um pacto coletivo do qual é muito difícil escapar. Porém, quando um casal se une pelos laços do afeto ou pelo menos por algo assemelhado, a renúncia à liberdade representa uma traição ao projeto original de vida. Por isso, a evolução social vai prover meios cada vez mais para que um indivíduo não roube a liberdade do outro, papel esse que cabe à sociedade. As leis mais severas, as delegacias da mulher, a informação veiculada pela mídia, acordando e alertando as pessoas sobre os seus direitos, as organizações governamentais e não-governamentais de defesa dos direitos da pessoa são mecanismos de ação social para que não haja uma sobretaxa na liberdade individual.

Como dizia uma placa que vi num escritório nos EUA: "Não roube! O Governo odeia concorrência", eu digo: "Não tire a liberdade de seu parceiro, a sociedade já faz isso muito bem."

Quais as principais liberdades furtadas nos relacionamentos

A primeira liberdade que costuma ser perdida em relacionamentos doentes é a do **ir-e-vir**.

Já falamos do nefasto costume chinês de encolher os pés das mulheres e de seu objetivo: impedir que fiquem "zanzando" soltas por aí. Quase todas as culturas antigas tiveram alguma idéia genial para cortar as asinhas das mulheres e impedir que, safadinhas como elas só, ficassem à mercê dos gaviões. O famoso cinto de castidade usado pelos nobres europeus na Idade Média não impedia que as mulheres dessem os seus pulinhos dentro dos castelos, mas, se fossem além, iriam esbarrar numa fortaleza inexpugnável. Mas, mesmo nos tempos atuais, alguns maridos chegam a prender as mulheres em casa, inclusive amarrando-as ou acorrentando-as para que não fujam ou não aprontem. Esse, porém, é um costume bárbaro. Os machos evoluíram bastante nesse quesito. Aprendemos a controlar os passos de nossas mulheres **controlando o dinheiro** (quando o macho era o único provedor — ah, os bons tempos!). Há muitos homens que controlam de forma obsessiva a verba dada às mulheres para as compras, não só por sovinice, mas também para evitar que dêem um passo maior que as pernas, se é que vocês me entendem. Para alguns homens há uma coisa pior do que serem traídos: é o seu dinheiro financiar a vil traição! Muitas mulheres aprenderam a fazer isso tão bem quanto os maridos e, ao controlarem o fluxo de seu dinheiro, podem saber onde e quando ele foi ou até dificultar a sua "ida".

É muito comum nos apaixonarmos por pessoas que têm grande mobilidade, ou seja, sentem-se livres para viajar, para sair de casa quando lhes dá vontade, ter flexibilidade e liberdade para administrar seus horários etc. Mas, assim que conseguimos "apanhar" uma dessas pessoas, aquilo que nos atraiu torna-se uma ameaça, repito, uma ameaça à nossa insegurança. Daí para montar estratégias sutis ou ostensivas para amarrar os seus pezinhos é um passo. Às vezes, o indivíduo é motivado a voltar-se contra a mobilidade de seu parceiro (parceira) por pressão social. Não é incomum as sogras conspirarem contra as suas noras "que têm rodinhas nos pés". Parentes da esposa também a alertam para um marido "muito solto", necessitando de "rédeas mais curtas"; afinal, "você sabe como é homem, né?" Sabotar a capacidade do parceiro de ir e vir faz parte de uma mentalidade medievalesca, e, por que não dizer, estúpida. Se você não confia no que o seu parceiro vai fazer quando está longe das suas vistas, por que ainda está com ele(a)? Ah, sim, vai dizer que ama muito essa pessoa e que não quer abrir mão dela ou dele por causa desse detalhezinho? Vai dizer que prefere o pérfido estresse de se dedicar a tolher e vigiar os movimentos dele ou dela? Vai insistir na desculpa de que ninguém é perfeito e que naturalmente você precisa dar uma mãozinha a Deus para corrigir certos defeitinhos dele ou dela, mas que, fora isso, tudo vai bem? Numa mente atormentada pelas desconfianças tudo é possível, todas as racionalizações e "lógicas" podem ser abrigadas sem aparente conflito, mas onde cabe a neurose não pode caber também a serena e relaxada felicidade da vida a dois, baseada num pacto de confiança mútua.

Liberdade de expressão

Aqui entramos num terreno bem mais pantanoso e absolutamente incerto. A história que me vem à mente (já contei em outros livros) é a de uma cliente que estava saindo do prédio onde morava para ir ao encontro de seu namorado que a aguardava no carro. Estava feliz da vida e sentia-se bonita; afinal, estava há mais de duas horas se arrumando "para ele". Quando entrou no carro, toda alegre e exalando um perfume primaveril, percebeu imediatamente a carranca do seu namorado como resposta ao beijo e ao sorriso aberto que lhe deu. Ele arrancou com o carro e ficou em silêncio todo o tempo. Percebendo a situação, insistiu (já com o sorriso dos lábios substituído pelas rugas na testa) para que o namorado dissesse a razão da cara feia. Depois de muito suplicar, finalmente resolveu esclarecê-la. Eis sua resposta curta e sem mais considerações: "Não me agrada que mulher minha fique por aí mostrando os dentes!" Ela levou um bom tempo para decifrar aquela mensagem enigmática. Mas, por fim, ajudada por meia dúzia de grunhidos dele, foi iluminada: mostrar os dentes por aí significava que ele não se agradava de vê-la sorrindo gentilmente para o seu Zé, o porteiro do edifício onde morava há mais de cinco anos! Se não fosse pela minha veemente interferência, o seu Zé deixaria de ser brindado com um sorriso amistoso todas as manhãs, assim como o garçom do restaurante onde ela almoçava todos os dias, a vendedora da loja de roupas, os colegas de trabalho, seus parentes, e por aí vai...

Mas perguntará você: por que alguém se empenharia tanto em calar a boca de quem gosta ou de quem convive, reprimindo a sua capacidade de expressão? A resposta não é tão simples, nem mesmo sei se há só uma. Ao sabotar a capacidade de comunicação e, por extensão, a autoconfiança em se expressar, o repressor se coloca mais a salvo de críticas e questionamentos. Quem, afinal, teme o discurso do outro? Aquele que tem telhado de vidro ou... quem se sente tão superior ou tão inferior ao outro, que qualquer manifestação espontânea de opiniões, críticas ou avaliações possa representar uma ameaça. Quando minamos a confiança do indivíduo naquilo que ele pensa e depois expressa, estamos assegurando que todo e qualquer discurso ou constatação vinda de sua parte está "bichado", tem menor ou nenhum valor. É como se dedicar ao processo de provar que uma pessoa está sofrendo de suas "faculdades mentais" para, no momento certo, dar o bote, invalidando sua ação ou sua opinião por ela vir da parte de alguém louco ou desequilibrado.

Foi mais ou menos isso que aconteceu com Madalena, casada com João. Eram pessoas humildes quando se casaram. João era caminhoneiro, e, com muito esforço, comprou seu próprio caminhão, mas continuou na estrada. Já Madalena, incentivada pelos colegas de trabalho e pelos filhos agora já criados, entrou numa faculdade. Aí os problemas começaram. João sentiu que "a estava perdendo para aquela turma metida a besta da faculdade". Mesmo sem ter um plano arquitetado (acredito eu), começou a criar situações onde seria fácil colocá-la para baixo, humilhá-la, provar a todos que, apesar dos seus esforços, ela não sabia nada de nada e além disso estava piorando por causa da faculdade. Desde a comida "muito salgada ou muito sem sal" até pequenas coisas do dia-a-dia, ele estava sempre atento e com o olho crítico em cima, implacável, intolerante, sempre a mostrar sua superioridade com a "universidade da vida" contra ela, que freqüentava uma "faculdade de merda, jogando conversa fora com um bando de inúteis que não serviam nem para limpar a sua...". Madalena não resistiu e abandonou a faculdade, apesar dos protestos dos filhos. Largou os livros, deixou de freqüentar os cursos de extensão, rompeu com os colegas, a quem pedia gentilmente que não lhe procurassem mais. Assim, a paz conjugal voltou.

Dois anos depois, João conheceu uma mulher bem mais jovem, apaixonou-se e largou Madalena. É claro que a história não acaba aí, mas para o nosso propósito está de bom tamanho. Em geral, reprime-se a capacidade de expressão do outro por medo ou desprezo. Ambas as motivações estão na raiz de escolhas malfeitas, de equívocos relacionais, que não puderam ser corrigidos a tempo. O que vem depois é todo um processo de compensação: se não posso apagar o erro em si, então vou tentar apagar o "culpado" maior por aquele erro — o outro, é claro.

Deixar-se calar, permitir que alguém, em nome do que quer que seja, nos coloque uma mordaça ou nos intimide na nossa liberdade mais que sagrada de expressão é um crime de conseqüências gravíssimas, até mesmo para a saúde da própria vítima. Vejo com freqüência que pessoas submetidas a longos processos de repressão da liberdade de expressão acabam ficando doentes, inclusive com doenças degenerativas, na área da boca, garganta, laringe, cordas vocais e até no aparelho auditivo. Não acreditem que isso é feito "para o seu bem" ou que "apesar de tudo ele(a) me ama". Reconheço que há pessoas usando, de forma pernóstica, e até ferina, a sua língua. Reconheço também que conviver com alguém verborrágico ou que faz freqüentes comentários depreciativos, negativos ou destrutivos não é fácil; na verdade, deve ser um inferno! Mas isso é apenas o outro lado da mesma moeda — o equívoco da escolha! Ninguém vira matraca ou boca do inferno da noite para o dia. Além do mais, se há realmente sentimentos positivos verdadeiros, essa falha pode ser corrigida. A maioria das pessoas pode ser reeducada, não há quem não possa ser convencido com paciência e amor (e estratégia) a mudar o disco. Se isso não for possível de todo, já sabe a minha opinião: ninguém é de ninguém, abandone o barco e seja mais esperto da próxima vez.

Liberdade de crença

Meu pai é judeu e minha mãe era católica. Nenhum dos dois tinha curso universitário nem eles eram luminares intelectuais, mas conseguiram proezas de grande dificuldade: superaram a barreira imposta pelas religiões professadas por ambos (e superaram as sabotagens das respectivas famílias e comunidades) e não litigaram sobre os filhos. Simplesmente combinaram que não seríamos batizados até que chegássemos à maioridade, e aí, sim, decidíssemos o que desejaríamos para as nossas vidas. Nunca vi meus pais brigando por causa de religião, embora os tenha visto expressando seus pontos de vista, diametralmente opostos ao longo da sua convivência. É fato que meu pai nunca foi um judeu ao pé da letra, e o mesmo também pode ser dito com o catolicismo de minha mãe, mas de certo modo essa flacidez religiosa sempre foi para mim e a minha família um exemplo de visão aquariana, de visão futurista e verdadeiramente libertária. Isso costuma ser bem raro: pessoas de credos diferentes casarem-se sem que um deles tenha de renunciar ao seu sistema de valores religiosos (e culturais). O mais comum é que, no decorrer do relacionamento, um dos dois seja cooptado pela religião ou seita do outro. Também acontece de um dos parceiros resolver adotar uma religião até então distante. Aí começa o problema. Geralmente as pessoas recém-convertidas experimentam uma vertigem, um deslumbramento que provoca um certo estreitamento da visão (embora afirmem de pés juntos que agora, sim, estão vendo a vida e o mundo com olhos de verdade) e aquele desejo incontrolável de converter todos à sua volta a essa "verdade". Quando isso não acontece de maneira explícita em forma de doutrinação, ocorre na forma de mudança de hábitos que podem vir a ser impostos à família ou ao parceiro. Mesmo quando o resultado imediato da conversão é aparentemente bom (o sujeito era alcoólatra e, por causa da religião, virou abstêmio de carteirinha e um cruzado contra as bebidas alcoólicas), a tentativa de impor qualquer desses preceitos novos aos outros costuma ser feita de forma autoritária, coercitiva, abusiva, para não dizer desrespeitosa e desleal. Como se dizia, "o inferno está cheio de gente com boas intenções", e por melhor que seja a do convertido nada justifica o uso do *link*, isto é, do elo amoroso para fazer passar a mensagem religiosa não desejada. É claro que fica mais fácil quando os dois cantam *Hare Krishna* juntos, lêem a Bíblia juntos ou "macumbam" juntos, mas isso deve ser espontâneo — sempre. Há um teste infalível para saber se a religião adotada por um dos parceiros é boa ou não para ele (ou ela) — o grau de harmonia ou de desordem que ela provoca na casa do recém-convertido. Você pode argumentar que às vezes uma desordem é necessária para expor problemas camuflados e para que esses problemas sejam enfrentados. Concordo. Vai de cada um, de cada compreensão da situação, a conclusão sobre a beleza ou a feiúra daquela crença na vida do casal e da família. Um dia, infelizmente esse dia está longe, vamos saber conviver com as diferenças, sejam religiosas, culturais ou ideológicas.

Respeitar a "cabeça" do outro não é uma orientação de nenhuma das religiões, nem poderia ser, mas deveria ser a de pessoas que realmente se amam, pois o verdadeiro amor, antes de mais nada, RESPEITA a liberdade do outro de acreditar ou não seja no que for.

O INIMIGO FINAL

No início da Bíblia, mais precisamente no Livro do Gênesis, há uma passagem enigmática que diz: "*Elohin diz: Façamos o homem à nossa imagem e semelhança*" (grifo meu), [Gênesis, 1:26]. Na maioria das traduções em português Elohin é traduzido simplesmente como Deus, mas na verdade trata-se de um **plural** (*Eloha*, plural *Elohin*) que alguns traduzem por *Eles*. Não se trata de um plural Majestoso ou de modéstia, pois os hebreus não tinham essa figura, mas não vamos entrar em polêmicas exegéticas. O fato é que o Deus bíblico se via como uma pluralidade (pelo menos no Pentateuco), como uma multiplicidade, e se criou o homem à sua imagem e semelhança também o criou dessa forma, múltiplo, plural. Assim somos nós, incoerentes, estranhos a nós mesmos, muitas vezes fragmentados. Ao longo deste livro procurei encontrar e desvelar os inimigos externos que trazemos ou permitimos entrar na nossa vida, causando estragos muitas vezes irreparáveis, mas... Sim — é isso mesmo que você já deve estar pensando —, os maiores inimigos estão dentro de nós mesmos e são eles que abrem as portas para entrar o Cavalo de Tróia dos inimigos externos. Somos, com freqüência, a representação do *Médico e o Monstro* ou parecemos alguém que abriga múltiplas personalidades, uma boazinha, uma crítica e severa, uma sensual e provocadora e outra perversa e destruidora que não descansará enquanto não acabar com a vida de sua hospedeira.

Culpar o outro ou a outra pelas desventuras causadas na sua própria vida é esperado, é assim mesmo que funciona, mas não vai resolver o problema se não for descoberto o inimigo interior, aquele tal que abriu a porta para o Cavalo de Tróia. Precisamos ir além, conhecer melhor cada uma das nossas outras "personalidades", desses nossos outros *eus*, ou nossos deuses interiores, para podermos saber com quem estamos lidando. Não há dúvida de que essa é uma tarefa colossal que vem sendo proposta há milênios, pois os antigos gregos já diziam: "Homem, conhece-te a ti mesmo." Os inimigos internos têm nomes: vaidade, baixa auto-estima, carência, medo, excesso de autoconfiança, ignorância etc. Eles sim são perigosos, pois não dormem conosco — moram dentro de nós! O trabalho da Consciência é pesado, não traz lucros a curto prazo como uma cirurgia plástica que tem mais resultados visíveis. Mas sem isso não nos libertaremos dos padrões de sofrimento e frustração, teremos é de contar com a sorte.

Como disse uma amiga: "O pior de dormir com o inimigo é acordar ao lado dele", quando muitos(as) nem acordam.

Espero ter dado minha pequena contribuição para que você não só acorde, como também possa ter a felicidade de dormir com um verdadeiro aliado e acordar sentindo que vive a liberdade que só o verdadeiro amor pode propiciar.

FAÇA TUDO PARA SER FELIZ!